LAS 5 TRAMPAS
DEL AMOR

LAS 5 TRAMPAS DEL AMOR

Por qué fracasan las relaciones
y cómo evitarlo

DR. IÑAKI PIÑUEL

la esfera de los libros

Primera edición: junio de 2024

© Iñaki Piñuel, 2024
© La Esfera de los Libros, S.L., 2024
Avenida de San Luis, 25
28033 Madrid
Tel.: 91 443 50 00
www.esferalibros.com

Mapas de interior: Jesús Sanz
ISBN: 978-84-1384-828-0
Depósito legal: M. 8.664-2024
Fotocomposición: J. A. Diseño Editorial, S.L.
Impresión y encuadernación: Unigraf
Impreso en España-*Printed in Spain*

Índice

A mi admirado maestro René Girard,
padre de la nueva psicología del siglo XXI.
A mis alumnos de la Universidad de Alcalá,
a la que tan orgulloso y tan indigno me siento de pertenecer.

Amor loco, yo por vos, y vos por otro.

PROVERBIO ESPAÑOL

*Toda pasión amorosa se nutre de los obstáculos
que se le oponen y muere ante su ausencia.*

DENIS DE ROUGEMONT

*Si me quieres, te quiero.
Si me amas, te amo.
Si me olvidas, te olvido,
que a todo hago.*

COPLILLA POPULAR CASTELLANA

1

POR FIN UN LIBRO
ME CUENTA QUÉ ES EL AMOR

Los amores locos en el siglo XXI

Como psicólogo llevo treinta años ayudando a personas que acuden a la consulta abrumados por todo tipo de problemas en sus relaciones personales y profesionales.

Trabajar con víctimas de problemas de acoso, *mobbing, bullying* o relaciones con psicópatas integrados (Amor Zero) ha sido para mí una fuente de conocimiento y reflexión sobre las profundidades de la naturaleza humana.

Un capítulo especial del trabajo psicoterapéutico con víctimas es explicarles por qué sufren lo que sufren, o lo que es lo mismo, darles el mapa del territorio psicológico del problema que están atravesando. Es crucial para la recuperación que el psicólogo sea un faro de luz en medio de las tinieblas que atraviesan los pacientes que sufren sin saber ni siquiera por qué sufren.

Una de las asignaturas pendientes de la psicología actual radica en poder explicar de un modo sencillo y práctico a las personas normales por qué sufren relaciones amorosas destructivas y nocivas y por qué tienden a caer en los mismos patrones problemáticos una y otra vez.

Las personas aquejadas por conflictos de pareja repetitivos siempre se quejan de lo mismo: «¿Pero cómo ha podido pasarme lo mismo otra vez?». La mayoría de ellos repiten patrones sin comprenderlos… Los mismos errores reiterados durante años junto a la acumulación de secuelas y daños emocionales van dejándoles cada vez más desabridos, escépticos y cínicos respecto a la posibilidad de encontrar por fin el verdadero amor en una relación.

—¡Oiga doctor, esto del amor es algo muy complicado!

Este es el lamento más escuchado.

Y, sin embargo, las leyes que rigen las relaciones amorosas no pueden ser ni más sencillas, ni menos implacables.

La misma sencillez de su funcionamiento resulta inaudita, a pesar de que se acusa al fenómeno amoroso de ser misterioso e inescrutable.

Sin embargo, el mecanismo que suscita la pasión romántica y que la hace desaparecer no exime ni perdona a nadie que lo ignore.

Conocer el funcionamiento de los mecanismos mentales humanos del amor es imprescindible a la hora de liberarse y no repetir una y otra vez el mismo patrón. La realidad es que solemos pagar un alto precio debido a esta ignorancia.

Esta luz evita que caigamos de forma repetitiva en el mismo agujero de la oscuridad y del sufrimiento amoroso.

El amor de pareja no tendría que asociarse al sufrimiento.

No obstante, es tan común sufrir en los amores que muchas personas terminan identificando ambas experiencias como intrínsecamente interrelacionadas. Muchos creen que no puede darse amor sin padecer.

El repetitivo sufrimiento que puedes estar atravesando en tus relaciones amorosas tiene explicación y tiene solución desde el conocimiento de los patrones relacionales que describe este libro y que configuran todo tipo de amores locos.

El sufrimiento en el amor de pareja puede causar una desesperación que no tiene par en la experiencia humana. Muchas personas no son capaces de resistirlo y quedan completamente fuera de combate.

He escrito este libro para quienes han tirado la toalla y renunciado a entender cómo funciona el amor y las relaciones llamadas «románticas», para quienes creen que nadie les puede explicar por qué repiten una y otra vez los mismos patrones, y sobre todo para quienes sienten la desesperación de creer que nadie es capaz de ayudarles en esta materia.

Las 5 trampas del amor es un manual de uso y supervivencia que comencé a escribir hace algunos años, aplicando mis conocimientos de la antropología girardiana a las relaciones amorosas, con vistas principalmente a suministrárselo a mis alumnos de la Universidad de Alcalá, jóvenes de sobra preparados, aunque abrumadoramente desorientados e inexpertos ante el fenómeno amoroso.

Ante su intrépida curiosidad acerca del funcionamiento de las relaciones amorosas y sobre todo acerca de las razones por las que dichas relaciones fracasaban, me encontré desarrollando la teoría mimética de René Girard para poder explicarles el modo en que funcionan todas las relaciones humanas y muy especialmente, las afectivas amorosas.

Después de escribir y publicar *Amor Zero* (La Esfera de los Libros, 2016), un libro que ha resultado esencial para vacunar a poblaciones mundiales muy extensas y sufridas contra el infausto fenómeno de los psicópatas integrados en las relaciones de pareja, ha llegado el momento de ofrecer en *Las 5 trampas del amor* un catálogo general de los errores fatales y repetitivos que suelen producirse en las relaciones amorosas.

Al leer este libro te sorprenderás de lo fácil y trivial que resulta que tu loca cabeza llegue a enzarzarse en los líos amorosos más diversos sin siquiera entender por qué, y sabrás cómo actuar para, eludiendo esas trampas, hacer funcionar tu relación de pareja de un modo efectivo, libre del entrampamiento del deseo y del amor romántico.

¿Por qué es tan difícil obtener, mantener y sostener una relación de pareja?

¿Por qué el amor parece ser tan complicado? La respuesta radica en que ignoramos las leyes principales que rigen el funcionamiento del deseo humano y ello lo pagamos muy caro.

Confundir deseo y amor es un problema esencial que la especie humana aún no sabe discernir en materia de relaciones.

El amor puede iniciarse y suele iniciarse desde el deseo pero no es equivalente al deseo. El deseo produce todo tipo de dinámicas extrañas que, si no se controlan, dominan y pervierten el modo en que funciona en la mente humana.

La confusión habitual del amor con la pasión y el sufrimiento procede de esta causa. Las numerosas trampas amorosas en las que la mayoría de las parejas caen, fracasando en aquello que más felicidad puede causar en un ser humano como es obtener una sana relación amorosa, proceden de las leyes que rigen el deseo.

El antropólogo francés René Girard, fallecido en 2015, verdadero genio del análisis del funcionamiento de las relaciones humanas y de la violencia, fue a lo largo de su vida analizando los mitos y la literatura universal y descubrió y describió, desde la década de los años sesenta del siglo pasado, cómo funciona el deseo en el ser humano.

Las claves del funcionamiento psicológico del deseo aportadas por Girard durante los últimos sesenta años son formidables y nos permiten explicar de un modo admirable cómo, en el ser humano, todo aquello que es importante funciona desde las dinámicas del deseo.

El deseo y sus dinámicas imitativas o miméticas son la clave de bóveda de todo el sistema relacional humano y de todos los problemas amorosos y nos permiten explicar el enloquecimiento afectivo relacional que caracteriza nuestra época actual.

Pero comprender de verdad el deseo humano requiere captar la esencia de su proceso dinámico y continuo de imitación y de emulación y cómo este está anclado en el funcionamiento de una parte de nuestro cerebro denominado tercer cerebro, cerebro mimético o sistema espejo.

A partir de 1996, los neurólogos italianos Giacomo Rizzolatti y Vittorio Gallese de la Universidad de Parma descubrieron, utilizando escáneres cerebrales PET scan y el IRM, los correlatos neuronales del funcionamiento del mimetismo del deseo humano y su base en el funcionamiento fascinante de un tipo de neuronas premotoras, denominadas *neuronas espejo*.

Estas neuronas espejo entran en resonancia con las del otro al que tenemos delante y reflejan y reflectan su actividad, generando un tipo de simulación interna o simulación incorporada. Dicho de otro modo y según Gallese, «los mismos circuitos neuronales que intervienen en el control de la acción humana y en la experiencia en primera persona de las emociones y de las sensaciones están activos también en nosotros cuando somos testigos de esas mismas acciones, emociones y sensaciones en otras personas».[*]

Estos descubrimientos más recientes dieron la razón y confirmaron las intuiciones del genial Girard casi cuarenta años después de sus primeras formulaciones en 1962.[**]

Las 5 trampas del amor es un libro que desarrolla estos descubrimientos neurológicos esenciales para la especie humana, aplicados a la comprensión psicológica de las relaciones amorosas de un modo que nunca hasta ahora había sido explicado al gran público.

No pretende ser un libro técnico ni erudito sino práctico, fácil de leer y orientado al común de los mortales.

---

[*] Es lo que denomina Gallese una simulación incorporada (dentro del cuerpo). Véase S. R. Garrels (ed.), *Mimesis and Science*, Michigan State University Press, East Leasing, 2011, cap. 5.

[**] Véanse las obras *Mentira romántica y verdad novelesca* (Anagrama, Barcelona, 1985) y *La violencia y lo sagrado* (Anagrama, Barcelona, 2006) del mismo autor.

Al leer sus revelaciones vas a entrar con seguridad en un tipo de trance personal, y vas a poder integrar por fin las vivencias y experiencias de tu historia afectiva personal. Podrás verificar con sorpresa cómo funciona en la práctica una y mil veces el mecanismo trivial que explica todos los líos amorosos en los que has podido andar metido a lo largo de tu vida.

Comprobarás la inexorable manifestación de las leyes del deseo mimético (imitativo) en tus relaciones en general y más concretamente en tus relaciones amorosas pasadas y presentes.

Podrás ser notario de cuántas veces a lo largo de tu vida lo que aquí se narra y explica te ha ocurrido a ti, o a personas cercanas a ti.

Los capítulos de este libro describen los casos más paradigmáticos de entrampamiento relacional explicados a la luz de leyes universales y básicas del funcionamiento humano del fenómeno amoroso. Estas trampas del amor romántico, de no ser sorteadas, convierten las relaciones de pareja en un infierno en la tierra.

Mi experiencia como psicólogo es que, cuando se les explica a las víctimas de los enmarañamientos amorosos el funcionamiento trivial y mimético del enamoramiento humano, llegan a un gran *insight* psicológico y pueden por fin comenzar a salir de un tipo de *encantamiento* o trance doloroso que les ha llevado a la repetición de relaciones difíciles y traumáticas a lo largo de toda su vida anterior.

El conocimiento que ofrece *Las 5 trampas del amor* rinde tributo y deriva total y completamente de la teoría mimética de quien considero mi maestro, René Girard, al que quiero rendir un homenaje póstumo. Su trabajo y su teoría mimética se han convertido en fundamentales para mí, desde que descubrí esta «teoría psicológica del todo».

Desde entonces, sus ideas penetran mis investigaciones científicas y mis libros sobre el origen y las manifestaciones del acoso, el *mobbing*, el *bullying*, la violencia y las relaciones amorosas tóxicas.

En mi práctica como psicólogo clínico son miles los pacientes que se han visto beneficiados, gracias al conocimiento aplicado de la psicología girardiana, y se han visto por fin liberados de las ataduras que les vinculaban a todo tipo de locuras de amor de dolorosa manifestación: celotipias, conflictos de pareja, mitomanías, dependencia, subyugación, conductas autodestructivas, violencia doméstica, masoquismo, adicciones sexuales, enganches con psicópatas, donjuanismo, mesalinismo, parafilias, etc.

Todo ello tiene explicación y salida desde la comprensión de su mecanismo trivial causal.

La experiencia de transformación personal que aguarda a quien se atreva a iniciarse en la senda de la desmitificación del enamoramiento humano es extraordinaria.

Créeme, hay pocos libros que puedan transformar tu vida como lo va a hacer este.

Estoy seguro de que al leer estas páginas el amanecer de la verdad psicológica en tus relaciones de pareja constituirá para ti una de las mayores experiencias de liberación de tu vida.

Adelante y buena suerte.

2

¡SOCORRO, NECESITO AMOR...!

Las raíces de nuestra crisis amorosa: el deseo de los demás

El protagonista de la película de Coline Serreau *La crisis*, el abogado parisiense Victor Barelle, inmerso en su propia crisis personal, tras ser abandonado por su mujer y despedido de su empresa, se lanza en la prosecución del sentido que tiene su vida después de esos descalabros.

Durante el desarrollo de la película, recurre a varios amigos y conocidos, e incluso a sus propios padres solo para observar que se encuentran todos en la misma situación o en otras parecidas. Todos ellos, una y otra vez, le dejan tirado con esa sensación que le acompaña todo el tiempo de que «a todos *les resbalan* mis problemas».

En una escena genial, Victor Barelle se encuentra con su amigo Didier en un gimnasio de París. Mientras este se aplica a un durísimo ejercicio de pesas, Victor comprueba con horror que su amigo presenta un aspecto externo horrible. Tras una operación de cirugía estética, para implantarse mechones de pelo y mediante la inserción de bolsas de suero en el cráneo, le han extirpado pelo de un lado, para insertárselo allí donde tenía calvas. El resultado a la vista no puede ser más catastrófico. Todo ello le da un aspecto parecido al del monstruo de Frankenstein. Didier, visiblemente frustrado por no encontrar quien le quiera por sí mismo, le confiesa a Victor que su objetivo con el ejercicio y las dolorosas operaciones de cirugía estética es perder peso, y conseguir un aspecto físico atractivo, jurándole que, si todo eso no resultara suficiente, está incluso decidido a hacerse una liposucción para quitarse grasa de la zona del estómago. Con todo ello, busca un único objetivo: conseguir «que la gente le quiera». *(Comme ça, tout le monde m'aimera!* «De este modo, todo el mundo me amará»).

Serreau revela con esta escena cómica la universal y patética tendencia de todos los seres humanos, ya explicada antaño por el filósofo Hegel, de «desear ser deseado».

Si la escena nos hace reír, es precisamente por la verdad oculta que revela acerca de todos nosotros. A pesar de que la genial película de Serreau data de 1992, anticipa un fenómeno que sería objeto de la atención de los psicólogos de todo el mundo a partir de los noventa, la denominada «vigorexia nerviosa». La desenfrenada carrera por alcanzar «cuerpos Danone», esto es esbeltos, filiformes, o musculosos y fibrosos, según los casos, toma ejemplo y emula otra «loca» carrera: la obsesión por estar cada vez más delgado y esbelto, esto es, la «anorexia nerviosa».

A esa desenfrenada e interminable carrera en pos de la apariencia externa que me va a convertir en objeto deseable se apuntan personas que, cada vez más jóvenes, corrigen aspectos de sus cuerpos mediante la cirugía estética, verdadero epifenómeno de una sociedad narcisista, carente de toda autoestima genuina.

Lo que tienen en común estas «nuevas patologías» es una especie de «no poder parar» hasta alcanzar un objetivo que parece nunca llegar: una búsqueda incesante de un estado del ser físico que nos haga «deseables para los demás».

La «deseabilidad social» es la nueva divisa que cotiza en la bolsa social de nuestras relaciones humanas. No es extraño que en un Occidente lleno de esplendorosas oportunidades de comer suculentos manjares, casi todo el mundo se encuentre en medio de una especie de dieta o régimen semipermanente, tan extendido como negado por sus secretos adeptos.

El deseo de ser deseado es central en nuestras relaciones. Supone intentar escapar a la esclavitud de desear ser otro, a base de pretender convertirse en modelo de deseo para los demás. Y, sin embargo, se produce una extraña paradoja. Cuanto más pretendo escapar de la ley de los demás, más me convierto en su esclavo. Y cuanto más esclavo me vuelvo, más quiero escapar a la ley de los otros. Esta es una especie de locura relacional, que, como veremos, genera un enorme sufrimiento y una sensación de no poder salir del fango de la relación esclava con los demás. De esta locura trata este libro y de cómo se proyecta en las relaciones de pareja convirtiendo una experiencia que debería ser gratificante en un infierno *à deux*.

La sociedad narcisista de individuos solipsistas

Ese deseo de ser deseado, antaño denominado narcisismo, reviste tal magnitud en nuestro entorno que se puede definir nuestra sociedad sin exagerar un pelo como una sociedad «narcisista».

«Mal de muchos, epidemia», dice el refrán. Y a pesar de eso, la epidemia es bien desconocida para la inmensa mayoría en sus secuelas sobre las relaciones amorosas.

Es fácil reconocer el narcisismo del otro. Es muy difícil, y exige algo así como una «conversión religiosa», descubrir en nosotros «el deseo del deseo de los demás».

La razón estriba en que, desde el nefasto impacto del romanticismo hace dos siglos, tendemos a pensar en nosotros en términos de individuos o bolas solipsistas en interacción con otras bolas.

Todas las novelas de la época romántica, replicadas en nuestros mitos modernos televisivos, a través de series, concursos amorosos, presentan a los humanos como una bola de billar solipsista, dotada de una genuina e intrínseca originalidad que nos convierte en «individuos» con unos deseos supuestamente espontáneos, generados desde algún lugar dentro de nuestra propia psicología, nuestra razón, personalidad o voluntad.

La verdad científica es muy diferente, y, por cierto bastante «humillante» tal y como tendremos ocasión de ver a continuación. No hay tal cosa.

Nuestras relaciones humanas nacen, viven y mueren al compás que marcan los demás tomados como modelos.

Tal y como intentaré explicar en este libro, el principio esencial que domina cualquier relación humana es la reciprocidad, esto es la tendencia esencial a imitar el deseo del otro, sobrecompensándolo o incluso sobrepasándolo en un escalamiento que pone en riesgo de violencia verbal o física la propia relación.

¿Pero qué demonios es el amor?

Esta es la pregunta del millón a la que intentan responder numerosos manuales.

Muchos de los que lean este libro acaso creerán de un modo ingenuo que lo que vulgarmente se denomina «amor» es lograr ver cumplido sobre uno mismo el deseo del deseo de los demás.

Lo mismo que Didier, el amigo vigoréxico de Victor Barelle, millones de personas en todo el mundo viven bajo el yugo del deseo de los demás: desean ser deseados.

El amor entonces consiste en una tarea de buscar y descubrir a alguien que te quiera en tu lugar.

Toda la empresa de conquista amorosa se orienta a reconocer a la persona ideal que resolverá desde fuera mi necesidad de ser tomado como objeto de deseo por parte de los demás. Una verdadera locura, madre de todas las locuras…

Para muchos seres humanos aparentemente sensatos, esta tiende a ser una acepción normalizada de lo que el amor significa para ellos.

Y sin embargo, como vamos a ver, nada puede estar más alejado de la realidad.

3

LAS TRAMPAS DEL AMOR ROMÁNTICO Y LA MENTIRA DEL ENAMORAMIENTO

Doctor, ya no estoy enamorado de mi pareja

Quizás la queja más habitual que se encuentra un terapeuta especializado es cuando uno de los dos miembros de una pareja acude a consulta y te dice que «ya no estoy enamorado de mi pareja».

Lo que hay detrás de esa expresión es una confusión que procede en buena parte de la propaganda romántica y del bombardeo del *marketing* publicitario que caracteriza el último siglo en materia de relaciones amorosas. No hay industria más opulenta que la del enamoramiento en materia de ropa, perfumería, música, viajes, cine, etc.

Estar enamorado es una experiencia que se propone como misteriosa, inefable, mística, o incluso extática… pero sobre todo es algo muy explotable comercialmente. Todo aquello que pueda servir para estar enamorado o enamorar al otro es apreciado más que el oro.

Donald F. Klein y Michael R. Liebowitz, del Instituto Psiquiátrico del estado de Nueva York (Estados Unidos), postularon la relación entre el enamoramiento y la aparición de un neurotransmisor muy potente y adictivo, la feniletilamina, que puede desencadenarse por un simple intercambio de miradas, un roce de la piel, o un contacto físico. Establecieron que el cerebro de una persona enamorada presenta grandes cantidades de feniletilamina y que esta sustancia explica las sensaciones y modificaciones fisiológicas que experimentamos cuando ocurre el enamoramiento, tales como la vigilia, la excitación, las taquicardias, el enrojecimiento o incluso el insomnio.

La permanente inundación de los circuitos neuronales de esta sustancia llamada «el neurotransmisor del amor» llevaría a una situación imposible de gestionar neurológicamente para el cerebro humano.

Dicho de otro modo, no estamos diseñados para estar permanentemente enamorados.

El enamoramiento tiene otras funciones que no tienen vocación de permanecer en el tiempo.

Lo adictivo de este neurotransmisor cerebral explica por qué muchas personas pretenden mantener una relación de pareja con el fin de estar continuamente bajo los efectos fisiológicos gratificantes de esta sustancia poderosa. Esta pretensión supone algo parecido a querer estar siempre «colocado».

Ni es posible, ni es aconsejable.

Muchos encuentran un modo sustitutivo de chutarse feniletilamina al cerebro mediante la ingesta de chocolate, elemento rico en esta sustancia. Como ves, no es una leyenda urbana el que los males de amor se pueden mitigar a base de la ingesta masiva de chocolate. Aunque esta opción no es excesivamente recomendable en elevadas dosis por los efectos secundarios adversos en materia estética y los sentimientos de culpa anexos.

Pero ¿para qué sirve estar enamorado?

Este periodo de entre nueve y dieciocho meses se corresponde exactamente con la etapa en que la hembra humana quedaba en situación de mayor vulnerabilidad debido al periodo sumado de embarazo y primera lactancia por reducirse sus posibilidades de defensa y automanutención. En este lapso de tiempo, la vulnerabilidad de la hembra humana a todo tipo de factores amenazantes requería la presencia cerca de un cazador de mamuts «enamorado», necesidad a la que la naturaleza proveyó.

El cerebro humano desarrolló un recurso genial para mantener al protector cerca de la protegida y sus crías, generando un potente elixir neuronal para lograr la permanencia de la unión que salvara a la descendencia de sufrir el riesgo de ser aniquilada a manos de todo tipo de depredadores. Lo de «las mujeres y los niños primero» llegó mucho después.

El *colocón* del enamoramiento puede ser adictivo

La inundación de feniletilamina en el cerebro puede ser una experiencia muy agradable, pero no es viable ni recomendable como un criterio solvente para guiar la propia vida afectiva y amorosa.

La única posibilidad de estar permanentemente enamorado es la de encadenar sucesivas experiencias de enamoramiento con diferentes parejas de un modo secuencial o en serie. Esa experiencia es similar a la del adicto que necesita siempre una dosis más grande, pues la aclimatación del cerebro a esa sustancia requiere cada vez mayor cantidad con menor efecto marginal.

Los denominados adictos al amor (en realidad adictos a la feniletilamina), que no deben ser confundidos con los adictos al sexo, suelen ser víctimas de un mecanismo tremendo de aclimatación por el que precisan siempre más y más de lo mismo, obteniendo cada vez menos efectos por el mismo proceso.

La repetición del mismo mecanismo anula finalmente la capacidad del cerebro de experimentar la sensación como nueva y suele generar otras adicciones que solemos encontrar presentes en los pacientes adictos al enamoramiento.

La pretensión de estar siempre enamorado, característica de las poesías, canciones y guiones románticos, es tan loca e insensata como la de aquel que quiere vivir toda la vida bajo los efectos del alcohol, la cocaína o el *colocón* de cualquier otra sustancia adictiva.

Ni es conveniente para la felicidad del ser humano, ¡ni hay cuerpo que lo resista!

Vivir la experiencia del amor como encadenamientos de relaciones con un enamoramiento permanente o semipermanente conduce a vivir a un nivel meramente hipotalámico, es decir, desde el CEREBRO EMOCIONAL (sistema límbico) la experiencia superior del amor humano que debe, para ser plena y estar integrada, involucrar al resto de los niveles superiores y, de modo especial, al CEREBRO RACIONAL (neocórtex) como protagonista principal.

Una regresión a los niveles meramente subcorticales de esta experiencia supone quedarse con una experiencia amorosa cortocircuitada, típicamente prehistórica y prerracional, es decir, la cueva, la caza del bisonte y la experiencia química del amor como un *subidón* neurológico básico y primitivo, propio de nuestro cerebro más antiguo y reptiliano.

Miles de años han pasado y nuestro cerebro ha desarrollado otras funciones que vamos a describir a continuación y que veremos cómo complican más el asunto amoroso.

¿Qué hace que nos enamoremos? La mentira romántica

Lo que a continuación voy a explicar va a decepcionar a casi todos los lectores adictos al romanticismo. Es lo que llamamos la «mentira romántica».

Es René Girard quien ha desvelado el origen real de los mecanismos por los que los seres humanos caen en la experiencia del enamoramiento y que solamente pudieron ser revelados a lo largo de los siglos por los grandes maestros de la literatura.

Son Cervantes, Dostoievski, Shakespeare, Molière, Flaubert, y Proust los que han comprendido y descrito en sus obras principales el verdadero y trivial funcionamiento de nuestra máquina afectiva amorosa.

El resultado de esta revelación no puede ser más humillante para los creyentes en el carácter melifluo y misterioso del amor humano como amor romántico.

Nada más lejos de la realidad considerar que nuestras relaciones amorosas parten de un fondo individual genuino y particular que decide o elige a alguien como pareja. Lo cierto es que somos seres de segunda mano en casi todo, pero muy especialmente en materia amorosa.

El esquema mítico dominante y tradicional del romanticismo sigue un patrón por el que un chico conoce a una chica, y por razones más bien misteriosas o esotéricas ambos descubren que se gustan y terminan emparejándose.

El proceso por el que encuentras a tu alma gemela o media naranja tiene numerosas versiones míticas que han sido desarrolladas a través de los siglos por las artes y las letras. Aquí van solo algunas de ellas:

- La compatibilidad de caracteres o teoría de la media naranja.
- El reencuentro kármico.
- La teoría del alma gemela.
- El mito del príncipe azul o la princesa prometida.
- La fuerza del destino.
- La compatibilidad astrológica.

A partir de la Edad Media, con el desarrollo del mito del amor cortés propagado en Europa por la acción de los trovadores provenzales y las novelas de caballerías, y sobre todo a partir de la propaganda intensa del romanticismo, la humanidad ha sufrido la mayor de las estafas científicas y antropológicas, siendo conducida a tomar las ficciones del amor romántico como realidades nacidas de algún tipo de fondo individual misterioso.

Solamente los grandes novelistas han mostrado el verdadero carácter del amor, basado no en el objeto de amor romántico, sino desde la explicación de las dinámicas imitativas del deseo.

La máquina de copiar deseos

Si quieres entender cómo funciona el amor y eludir sus trampas debes comenzar por comprender las leyes principales que rigen el deseo humano.

Todo nace de una estructura neuronal recientemente descubierta que explica que los seres humanos ya desde las primeras horas después de nacer poseemos la habilidad innata de imitar aquello que perciben nuestros sentidos.

Nuestra capacidad imitativa o mimética viene precableada en nuestro cerebro antes de nacer.

El denominado «sistema espejo», compuesto de neuronas que reciben el mismo nombre —neuronas espejo—, es el responsable de que un bebe recién nacido sea capaz, a las pocas horas de vida, de comenzar a imitar sonidos y gestos. El niño sonríe si ve una cara sonriente y saca la lengua si ve que alguien lo hace delante de su cara. Con el tiempo y el desarrollo, repite gestos más complejos y después sonidos.

Esta capacidad imitativa es la que dirige todo el aprendizaje humano y es responsable de la adquisición del lenguaje, la cultura y el modo de pensar, comportarse, ser y estar en el mundo del futuro adulto.

El ser humano viene al mundo como una *tabula rasa* sin nada inscrito en ella. Ese ser desvalido es todo en potencia pero nada en realidad. No posee un YO o personalidad, pero lo que sí posee es un talento innato para transformarse y convertirse en alguien, apoyándose en sus neuronas espejo.

Para ese bebé es imprescindible crecer y crearse una personalidad de un modo económico y rápido. La forma típicamente humana de convertirse en alguien es imitar lo que se presenta delante de uno. La decisión de imitar no se produce de un modo racional o deliberado, sino que es un fenómeno automático y poco consciente. Estamos tan acostumbrados a ignorar este hecho, que muy pocas personas reparan en el carácter adquirido de todas aquellas cosas que forman parte del propio modo de ver el mundo y de ser.

El proceso por el que adquirimos nuestros gustos, preferencias, ideas, ideología es básicamente de corte imitativo y mimético. Todo lo que somos, queremos y pensamos correlaciona mucho con aquello que son, quieren y piensan aquellos que funcionan como nuestros modelos de imitación a emular. Lo normal es que estos modelos sean las personas más cercanas, esto es, los familiares más directos con los que convivimos en las primeras etapas de la vida.

Nuestros modelos, seamos conscientes de ello o no, ejercen un efecto esencial en nuestros modos de ver el mundo y de ser.

La parte de nuestro cerebro que es capaz de utilizar en modo emulación su capacidad mimética representa internamente todo aquello que percibimos. Esta modalidad de funcionamiento es muy económica pues ahorra un tiempo y esfuerzo enormes. Nos ayuda a simular o representar internamente aquello que percibimos, acelerando el aprendizaje antes de siquiera tener que llegar a practicar esas nuevas habilidades.

El mito del YO: tú no existes

Poco a poco, el paso del tiempo hace que todo el mosaico de actitudes y preferencias vitales de tipo mimético, que nos han sido prestados por nuestros modelos y que nosotros hemos imitado, se convierten en la idea que tenemos de nosotros mismos.

Quienes creemos que somos, esto es, nuestro YO o personalidad, es un resultado bastante trivial y mecánico de procesos imitativos acumulativos de los que hemos sido más bien entes pasivos que libres decisores.

Aceptar que somos el resultado de esa yuxtaposición de imitaciones de modelos es admitir que nuestro supuesto YO está construido un poco como el monstruo de Frankenstein. Algo que es tan trivial puede resultar humillante de aceptar.

El mito romántico imperante consiste en negar este hecho y creer que cada uno de nosotros somos entidades de tipo sólido con ideas, actitudes y deseos que nos son característicos.

Creernos entes solipsistas que hemos llegado a ser lo que somos a base de elecciones internas libres, conscientes y racionales significa vivir de espaldas a la realidad. Un mito culturalmente dominante que lleva a experimentarnos como una especie de entes separados, únicos y genuinos que tenemos las cosas claras y sabemos lo que queremos y lo que buscamos en la vida. El mito del héroe romántico, con las ideas claras y la determinación de alcanzar sus objetivos es el modelo social de cómo nos tenemos que ver. Sin embargo, no somos bolas de billar que interaccionamos con otras bolas de billar.

Nuestra esencia real consiste fundamentalmente en un proceso en el que la interacción con los demás, en especial con aquellos a los que hemos convertido en nuestros modelos, es crucial. Este conocimiento de cómo somos resulta muy esclarecedor a la hora de entender las relaciones amorosas y por qué nos fijamos, interesamos y motivamos por ciertas personas antes que por otras. La razón no es que las hemos elegido desde nuestro supuesto YO por sus características personales o por nuestra afinidad con ellas. La realidad es que nuestras neuronas espejo han decidido por nosotros. Ignorar esto suele costarnos muy caro.

Socorro, no sé qué tengo que desear

La realidad intrapsíquica de lo que ocurre en verdad cuando deseamos amorosamente a alguien no puede ser más distinta.

Puesto a desear, cada uno ignora qué debe desear. Se siente solo y abandonado en el universo. Nos sentimos solos y desvalidos en esta materia. Nuestra máquina de desear, debidamente impulsada por las neuronas espejo, nos lleva a buscar a nuestro alrededor a aquellos individuos especiales que creemos que saben lo que es digno y valioso desear. Ellos, convertidos en nuestros maestros, sí que nos mostrarán, habiéndolo deseado ellos primero, qué y a quiénes debemos desear.

Todo sujeto que quiere convertirse en alguien (un YO) sufre este problema universal, que cada quien vive como si fuera particular y único: el de no saber qué es lo que debe desear para convertirse en un YO.

La naturaleza imitativa del ser humano llega a su máxima expresión cuando nos planteamos qué es lo que debiera ser digno de ser deseado.

De otro modo, saber quién debo ser presupone conocer qué deseos debo imitar preferentemente y quiénes deben ser tomados como modelos. Esta elección no es, sin embargo, consciente y deliberada. Se produce automáticamente y por un proceso parecido al contagio de una fiebre o un virus.

El deseo humano es imitativo. Eso quiere decir que, como todo lo demás, mis deseos tienden a ser copiados y pegados de ciertas personas de mi entorno que, sin saberlo ni ellas ni yo mismo, van a funcionar como mis modelos.

El proceso automático de imitación del niño pequeño le ahorra costes y tiempo de aprendizaje. Es básicamente positivo, pues el copiado y pegado del niño sobre sus modelos no suele tener carácter problemático. El niño quiere ser como papá o como mamá. Y eso no es un inconveniente.

Este proceso imitativo se mantiene y suele quedar oculto y velado en la vida adulta. Conduce a todo tipo de catástrofes relacionales y al resentimiento y el entrampamiento amoroso tal y como vamos a explicar.

Los problemas en las relaciones humanas entre adultos tienen como sentimientos protagonistas la envidia, la rivalidad, la competitividad, el resentimiento y la violencia. Estos tienen origen en nuestro desesperado intento por imitar a los demás, mientras intentamos violentamente diferenciarnos de ellos para convertirnos en un YO diferente y distinto.

Tomado el otro como modelo de mis deseos, quedo expuesto de manera abocada a la rivalidad, la envidia y la violencia contra él.

La razón por la que adoptamos al otro como modelo radica en nuestro deseo de trascendencia o de convertirnos en un YO. Esto último puede parecerte una broma, pero si lo consideras, es el patrón más universal del ser humano, y es la fuente de todo lo bueno, y, al mismo tiempo, de todos los problemas relacionales.

Buscamos en nuestro interior los recursos para esa imposible autonomía metafísica, y nos encontramos con la frustración que procede de la vacuidad y de la falta de identidad.

No somos nadie

En el fondo, no somos nada, y eso nos aterra y amenaza de tal manera que salimos en franca y desesperada huida hacia delante y hacia afuera, en un vano intento de encontrar modelos válidos que creemos poseen esa autonomía del ser, para intentar «ser ellos», siendo «como ellos».

Ser ellos significa ser «como ellos». Poseer lo que ellos poseen, parecer lo que ellos parecen, y lo que es mucho más peligroso: desear lo mismo que ellos desean.

Nos convertimos en imitadores inconscientes, no por mala fe o por algún tipo de déficit actitudinal, sino por la acción automática de los procesos de «simulación incorporada» que nacen de nuestras neuronas espejo.

La imitación de otros no es facultativa. No procede de la libérrima decisión de un neocórtex cerebral, sede del libre albedrío, sino que tiene una naturaleza automática y neurológica.

Al convertirlos en nuestros modelos, los transformamos en nuestros *dioses*. Primero los adoramos. Después los querremos sacrificar o quitarlos de en medio cuando se conviertan en rivales por la dinámica propia del mismo proceso mimético que vamos a describir.

Para un niño, sus modelos son dioses: papá, mamá, el hermanito mayor…

Para un adulto, el problema se convierte en serio, pues dotarse de un modelo significa un gran riesgo de que, deseando lo que nuestro modelo desea, este se convierta en un rival o en un obstáculo.

Modelo e imitador se encuentran deseando las mismas cosas, sin darse excesiva cuenta del carácter trivial y automático del proceso neuronal que les lleva a ello.

Las leyes del mimetismo explican la mayoría de las patologías del amor y del enamoramiento tal y como vamos a ver en las páginas siguientes.

Un ingrediente clave en la catástrofe amorosa actual: el narcisismo

¿Qué pinta nuestra sociedad narcisista en todo esto?

Nuestro narcisismo o sentido de inadecuación interior colabora decisivamente en la catástrofe relacional.

Hay que explicar primero que, contrariamente a lo que puedas creer, el narcisismo no es un exceso, sino un déficit de autoestima.

La razón por la que parece lo contrario es que el comportamiento narcisista en su relación con los demás es de tipo negador y sobre todo compensatorio.

Quien parece ir *sobrado* necesitará en realidad a toda costa encubrir su propia sensación de desvalor o de insuficiencia.

La necesidad de encontrar un modelo de deseo por parte de un adulto es siempre potenciada por el narcisismo de un modo decisivo. La elección de un modelo de imitación no suele ser deliberada ni excesivamente consciente, pero siempre supone una forma de huida hacia adelante respecto a un vacío existencial vivenciado como algo insoportable. Don Quijote parte en busca de convertirse en alguien, un caballero andante, tomando como modelo a Amadís de Gaula, nada menos que un personaje irreal, que procede de la pura ficción de las novelas de caballería.

La genial obra de Cervantes explica el peregrinaje de cada ser humano (tan loco como don Quijote) a la hora de imitar modelos en los que convertirse, y sobre todo narra las consecuencias catastróficas para nuestras relaciones de aceptar automáticamente el funcionamiento de este esquema mimético.

El proyecto de convertirse en el otro (nuestro modelo), sea este un modelo real o imaginario, nace de un déficit del ser, igual en todos los seres humanos al nacer, pero suele ser potenciado por el mensaje romántico de los últimos dos siglos que insta a cada uno de nosotros a convertirse en alguien distinto, genial, peculiar, inconfundible… un YO.

La radical vivencia de inadecuación que nace de constatar que no somos nadie (LA VERDAD) conduce a la experiencia quijotesca de salir cabalgando en busca de convertirse en alguien o en un YO (LA MENTIRA).

Quien no sabe cómo convertirse en un YO (trascendencia) busca a otro que supuestamente lo haya conseguido ya, y que se lo enseñe como maestro.

Pese a todas las protestas de genuinidad y originalidad, imitar, copiando los deseos de su modelo, es el modo de convertirse en alguien y superar el malestar y la desazón interior del propio vacío existencial.

Así, narra Cervantes y explica Girard, cada quien desea «ser otro», imaginando erróneamente que ese otro es alguien «superior» a él, es *decir, un modelo digno de ser imitado por supuestas características «intrínsecas»*.

Por ello, todo modelo es tomado a modo de «ídolo», como alguien digno de asombro, respeto, adoración y emulación.

Se trata de *ser como él* adoptando su vestimenta, sus ideas, su *look*, pero sobre todo, copiando y pegando sus deseos.

Esta carencia existencial cada cual la estima como exclusiva, por eso, cada uno se cree solo en el infierno narcisista de una vivencia de su inadecuación profunda.

La huida hacia afuera, en pos de lo que nos falta, intentando encontrarlo en los otros es siempre una locura quijotesca que requiere de una conversión antes de que se convierta en una catástrofe relacional genial.

Cómo elegimos a nuestros modelos sin saberlo

Pero ¿por qué la imitación del otro, nuestro modelo, no puede ser pacífica y tiene que ser siempre conflictiva?

El individuo pretende apropiarse o clonar los deseos de alguien, en teoría superior, al que le atribuye falsamente la autonomía del ser. Alguien que sabe lo que quiere. Alguien digno de emular.

Imitándolo, yo sé lo que yo debo ser y en qué debo convertirme.

De la inseguridad existencial y de la vivencia de la propia inadecuación característica del narcisismo imperante en nuestra sociedad se deriva la triple incapacitación que conduce a la elección de un modelo:

- La incapacidad de valorar.
- La incapacidad de elegir.
- La incapacidad de actuar.

La manifestación de estas tres incapacidades permite explicar las crecientes dificultades de los individuos para discernir por sí mismos:

- Qué es lo que merece la pena.
- Qué es lo que hay que valorar.
- Qué decisiones debo adoptar.
- Qué camino he de seguir.
- Cómo debo conducir mi vida.
- Qué comportamiento debo observar en lo concreto de cada situación.

El deseo copiado o deseo *mimético* pone remedio a esta triple inseguridad y al malestar que provoca en cada uno, proponiendo como solución la adopción de un modelo.

Se tratará de un modelo al que se le presupone (siempre míticamente) una «plenitud del ser» (el ser metafísico) de la que el individuo se siente privado.

El modelo a elegir, en ese sentido, será aquel que, según el individuo, sabe:

- Qué es lo que hay que valorar.
- Qué es lo bueno, lo bello y lo verdadero.
- Qué decisiones hay que adoptar, qué se debe elegir.
- Cómo se debe actuar en la vida.

Este proceso de transformación interior tiene como resultado el efecto de mimetizarse en el otro, convertirse en la copia del modelo.

Todo cuanto el modelo valora, cree, opina o parece, se intenta convertir en propio. Afirmando un deseo de originalidad, genuinidad e individualidad, cada cual es prisionero inconsciente de este mecanismo y se vuelve un *ser de segunda mano*.

Aunque este proceso es universal y mecánico, nadie lo particulariza como propio pues no se tiene recuerdo ni memoria del proceso automático y mecánico de simulación incorporada *(embodied simulation)* activado por las neuronas espejo.

Todo imitador reivindica ante el mundo entero y en buena fe la anterioridad de su deseo y su genialidad respecto al modelo del que lo ha copiado sin darse cuenta.

La actuación automática del sistema de neuronas espejo garantiza que todo el proceso imitativo se active en plena inconsciencia y que las protestas de genialidad y anterioridad por las elecciones, preferencias y deseos que surgen de todo ello (en realidad copiados de nuestros modelos), se vivan como surgidos del propio fondo de un YO misterioso.

El autorrelato que hacemos de esta vivencia es tan sincero como falso.

La envidia, por fin explicada

La elección de un ser humano como modelo se efectúa debido a que el individuo lo percibe como un ser superior. Esa superioridad puede ser real y basada en características objetivables o cualidades del modelo, o también puede ser ficticia en la medida que solo existe como presunta «cualidad» en la mente del discípulo imitador. A efectos prácticos lo que importa es lo que cree el futuro imitador.

Lo que resulta decisivo para comprender el mecanismo desencadenante de la envidia es entender que el proceso de señalamiento de un modelo determinado acaba siempre generando un riesgo cierto de que este se convierta en rival o en obstáculo. Será un «modelo rival» cuando el modelo caiga en la cuenta de que su imitador, queriendo emularle, deseando lo mismo que él desea, incrementa el riesgo de arrebatarle su objeto de deseo. Será un «modelo obstáculo» cuando, consciente de ese riesgo, se adelante cerrando el paso a su imitador para que consiga el objeto de deseo previamente copiado.

Ambas situaciones conducen al resentimiento y a la guerra relacional.

Cuando el imitador o discípulo perciba que en lo intelectual, social, psicológico su modelo es *batible* o *vencible,* el desencadenamiento de hostilidades está asegurado.

Cuando la diferencia con el modelo se percibe como *no permanente* o *coyuntural,* el proceso conduce a la envidia y a su fruto podrido, la violencia.

La percepción de provisionalidad de la diferencia con mi modelo, va a servir de motor para desarrollar toda una variada gama de acciones hostiles dirigidas a disminuir dicha diferencia estimada como *no permanente.*

Estas acciones consisten en un despliegue de violencia del imitador contra su modelo inicial. Con ellas pretende desbancar al otro del pedestal en el que él mismo, eligiéndolo como modelo, le había subido.

La rivalidad y la violencia mutuas que se desencadenan no son más que el resultado natural de la interacción entre quien desea sustituir y suplantar a su propio modelo y el intento correlativo de este último por «defender la posición» y mantener estable la diferencia jerárquica que el proceso imitativo había creado, aunque no existiera de forma objetiva en la realidad.

«No me copies» suele ser una de las primeras cosas que se escucha decir a los niños y supone el grito primordial de las guerras miméticas en las que nos solemos embarcar.

Los modelos en nuestra sociedad moderna son sistemáticamente «modelos-obstáculo», al ser estimados por la mayoría como provisionales. Esa provisionalidad viene reforzada por la abolición de las diferencias de una sociedad caracterizada por un ideal de igualdad irrenunciable y sin vuelta atrás.

De todo esto debemos concluir que el deseo en el ser humano no se corresponde con ningún instinto, pulsión ni con la satisfacción de una necesidad objetiva. La naturaleza del deseo no es jamás objetal sino mimética.

Si el deseo no nace del objeto de deseo, nadie desea nada ni a nadie si no es por medio de otro que, sin saberlo, es el mediador de nuestro deseo o modelo de imitación.

Si nuestras elecciones amorosas no dependen del objeto de deseo sino de un sujeto (el modelo que nos hace desear el objeto que él mismo desea o que creemos o postulamos que desea), eso tiene importantes consecuencias en materia de amores. Nuestro modelo designa sin darse cuenta lo que es deseable para nosotros al desearlo él mismo. Nosotros imitamos, sin percatarnos, el deseo de nuestro modelo, lo cual nos lleva a creer erróneamente que hemos deseado el mismo objeto que él, antes que él (yo lo vi primero).

Con este conocimiento amanece la verdad relacional que narran los grandes escritores de todos los tiempos y queda denunciada la mentira romántica de nuestras elecciones amorosas.

Nuestras relaciones amorosas son determinadas, no desde un romántico YO con todas sus funciones y preferencias internas, sino desde la imitación o proceso mecánico de copiado y pegado de un deseo ajeno original que permanece oculto detrás de toda la tramoya de nuestras racionalizaciones y negaciones. Dicho de otro modo, nos emparejamos amorosamente con personas que nos han sido designadas como dignas de nuestro amor por otras personas que han sido, sin saberlo nosotros, nuestros modelos de deseo.

Aunque te parezca duro de aceptar y humillante, esa es la pura verdad psicológica.

El deseo de un tercero que funciona, sin que lo sepamos, como nuestro modelo es el que forja las relaciones humanas en general y más especialmente las relaciones amorosas.

Un proceso mecánico y trivial es responsable de que nos guste alguien y de que nos enamoremos de esta persona y no de aquella otra. No nuestra personalidad, ni nuestras afinidades, ni nuestros gustos o preferencias, ni tampoco el karma o el destino.

Este libro pretende ayudarte a salir del atolladero emocional y afectivo que este proceso induce en los seres humanos y liberarte del encadenamiento subsiguiente a todo tipo de amores locos y trampas del enamoramiento romántico.

Un proceso de ida y vuelta: sugestión e imitación

Nuestra naturaleza mimética puede tomar modelos de la realidad o incluso llegar a fabricarlos de manera ilusoria. No importa la realidad. Lo decisivo no es la existencia real del modelo ni de sus deseos, sino la operación automática de un proceso atribucional interno.

El funcionamiento de las neuronas espejo hace que los niños más pequeños comprendan las intenciones de los adultos, incluso cuando esos adultos no llegan a ejecutarlas. Y son esas intenciones las que imitan.

El ser humano imita mucho más lo que el modelo tenía intención de hacer que lo que realmente hace. No es necesario que sea una intención real. Basta que establezca la atribución de que el otro lo desee o incluso lo vaya a desear.

La creencia interna, más o menos explícita en la mente del imitador, es una completa sugestión. No necesita ser suscitada conscientemente ni alimentada por el modelo de un modo activo. Solo basta con que una persona (A) crea que su potencial modelo (B) desea a una tercera persona (C) para que el proceso triangular del deseo amoroso se desencadene.

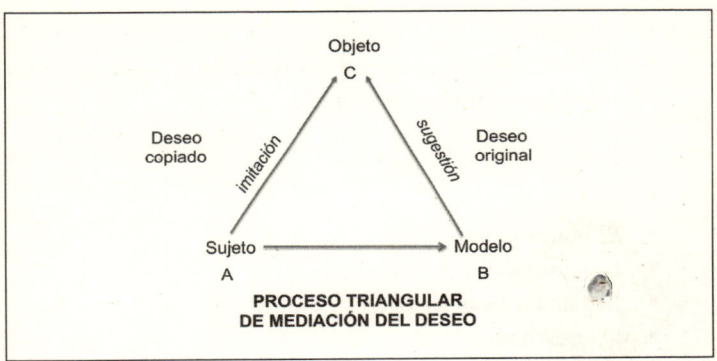

**PROCESO TRIANGULAR
DE MEDIACIÓN DEL DESEO**

El hecho de que hasta un modelo de la ficción pueda servir de atractor para el deseo humano revela la naturaleza eminentemente atributiva del proceso de imitar el deseo del otro.

Esa atribución que energiza todo el proceso de desear lo que otro desea tiene siempre como «mantra»: «El modelo es la persona que a mí me gustaría ser».

Cada uno de nosotros adoptamos los deseos del modelo B para poder devenir el tipo de «ser» que el modelo es percibido ser, asumiendo que B es «suficientemente bueno», cuando no «el mejor» o «el único» en cuanto a determinada categoría, tipo o clase.

La triple modalidad explicativa de esta genérica atribución consiste en que cada uno se dice a sí mismo que B es el tipo de persona que a mí me gustaría ser, porque B es X, conoce Y o posee Z; siendo X, Y y Z características, actitudes, conocimientos o propiedades del ser de un tipo o clase estimada por nosotros como superior.

X, Y y Z no son más que instancias de una infinita gama de atribuciones que se presentan cada día ante nuestros ojos y que son capaces de suscitar el proceso mimético de desear lo mismo que el modelo B:

- La belleza.
- El éxito social.
- La elevada posición social.

- La pasión.
- La evidencia de bienestar individual (felicidad, riqueza, salud, goce, disfrute personal).
- El talento.
- El éxito profesional.
- La alegría.
- El buen humor.
- La admiración de otros.
- La fama o popularidad.
- La creatividad…

Estos elementos nos hacen creer en una diferencia radical o una distancia esencial del modelo. La diferencia o distancia percibida con el modelo B genera una tensión psicológica que opera como una sugestión que carga el sistema psíquico de A para la imitación.

Cada sujeto postula que, siquiera inicialmente, se encuentra en otro nivel más bajo o subordinado respecto al modelo B, pues no posee dichas características que hacen interesante desear lo que él desea.

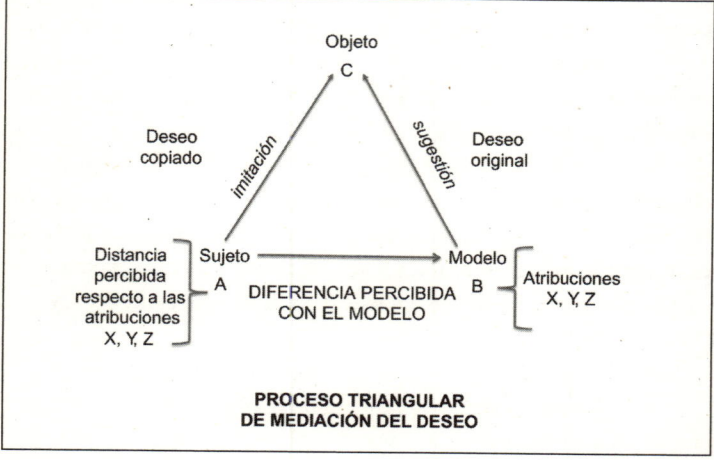

**PROCESO TRIANGULAR
DE MEDIACIÓN DEL DESEO**

El imitador A también postula que, en general, los demás potenciales modelos no las poseen en el mismo grado que las posee el modelo B.

El deseo mimético queda explicado por la fijación en un modelo B y en atributos que el sujeto A cree, imagina, supone o fabula que aquel presenta y que señalan una diferencia entre su YO y el del otro.

No es necesario para A que los deseos del modelo B hayan tenido lugar en la realidad. Basta con proyectar de forma atributiva la existencia de ese deseo por parte del modelo. El modelo puede pertenecer al mundo de la ficción o la imaginación. De este modo, surgen multitud de posibles modelos que se presentan ante nosotros:

- *Sobrenaturales*: Dios, los santos, los ángeles.
- *Seres míticos o personajes de ficción*: Romeo y Julieta, Luke Skywalker, Jack Sparrow, Amadís de Gaula.
- *Colectivos o grupos sociales*: la «opinión pública», «la profesión», los «progresistas», los «conservadores».
- *Seres creados por la fantasía*: el amigo invisible, mi otro yo, mi segunda personalidad, mi parte intuitiva.
- *Personas reales*.
- *Seres creados por falsos recuerdos*: mis antepasados, yo cuando era pequeño, etc.

En todos los casos, detrás del deseo mimético encontramos la fútil intención de convertirnos en otro, o de «ser algo» que otro al que juzgamos estimable imaginamos que es.

El proceso del deseo mimético constituye una «enfermedad» ontológica del ser humano. La desviación de una necesidad de trascendencia y su perversión en formas cada vez más bajas siempre abocan a la adoración de los ídolos en que hemos convertido a nuestros modelos.

La propaganda, la publicidad y el *marketing* fabrican nuestros modelos de imitación

Veremos cómo tristemente la fabricación de modelos para los demás no es tan espontánea y con frecuencia obedece a procesos intencionales con intereses económicos, ideológicos o políticos.

Quien controla aquello en lo que queremos convertirnos hace lo mismo con nuestros deseos. Para esto hay que explicar cómo adquiere un modelo B el prestigio del que goza para A.

El prestigio que atribuimos a nuestro modelo B, para constituirlo como tal, procede de dos vías:

1. *La mayoría o mimetismo colectivo.* TODOS unánimemente (o mayoritariamente) creen que B es una fuente única y superior de orientación. La opinión pública, la moda, el pensamiento políticamente correcto, etc.

2. *El sesgo perceptivo interno.* Las creencias, opiniones y juicios de valor subjetivos: el agente atribuye al modelo una cualidad adorable deseable, envidiable, que lo hace único como fuente para determinar la orientación de mis deseos.

En realidad, esta segunda fuente no es más que una derivada de la primera. Dicho de otro modo, la forma que tenemos de juzgar el carácter de alguien como modelo está completamente imbuida de la presión mimética colectiva. Nos guiamos como seres imitativos y gregarios de los juicios colectivos de los demás tomados como un todo.

De explotar esta realidad psicológica a diferentes niveles se encargan en nuestra época la propaganda, la publicidad y el *marketing*.

4

CÓMO FUNCIONA EL AMOR: LAS 7 LEYES DEL DESEO AMOROSO

Es imprescindible comprender cómo funciona el deseo amoroso y cómo este sigue una serie de leyes que explican los fenómenos de pareja más variopintos y destructivos como son los celos, la rivalidad, la envidia, los triángulos amorosos, el donjuanismo, la violencia doméstica o el apego al perpetrador.

A diferencia de una necesidad humana, un deseo nunca queda satisfecho por su alcance o consecución. Cubrir una necesidad termina con esa necesidad. Sin embargo, alcanzar un objeto de deseo solamente conduce a la insatisfacción y a la reorientación de ese deseo sobre otro objeto en una dinámica interminable y destructiva para el ser humano.

Por eso, el proceso amoroso de desear no tiene fin, a no ser que medie una decisión del neocórtex frontal, es decir de la voluntad humana.

Las leyes del deseo y las consecuencias terribles de ignorarlas en las relaciones amorosas se describen a continuación:

Primera ley. Tu deseo no es espontáneo ni original, sino copiado de otro

Todo deseo humano es prestado (copiado) por parte del que (generalmente ignorándolo) se convierte en modelo. La observación atenta nos permite rastrear quiénes, en el pasado, fueron los modelos que nos designaron nuestros objetos amorosos, deseándolos ellos primero.

La propaganda romántica nos lleva a creer en la mentira de que deseamos desde un fondo personal o individual que nos hace originales o genuinos (nuestro YO) o por las características intrínsecas de belleza, estética, glamur o atractividad del objeto amoroso. Nada más lejos de la realidad. Somos seres de segunda mano, especialmente en la materia de elecciones sentimentales, y somos llevados a desear a aquellos que son real o supuestamente deseados por otros como objetos de su amor.

Consecuencias: la base triangular de todo deseo amoroso es la fuente de todo el sufrimiento inefable de los «amores locos». Resulta esencial reconocer mis triángulos amorosos como origen y base de mis deseos si deseo vivir en la verdad y aplicar la sabiduría interior en mis relaciones.

Segunda ley. Tu deseo depende de un modelo, seas o no consciente de ello

Es frecuente que se conviertan en modelos aquellos que conviven más cerca física o emocionalmente de nosotros: nuestros padres, hermanos, profesores, amigos, colegas del trabajo o parejas. De ahí que nuestros modelos suelan ser los seres humanos más cercanos a nuestra vida. La confluencia de los deseos entre modelo e imitador es por lo tanto algo esperable y no algo excepcional. Pensamos, sentimos, opinamos y deseamos cosas parecidas a las personas con las que interaccionamos más.

No siempre identificamos el origen del deseo en nuestro modelo, por lo que solemos tener la sensación de que hemos deseado algo o a alguien por alguna de sus características intrínsecas o por una preferencia interna que nace de nuestra personalidad o nuestros gustos.

Consecuencias: el carácter mimético del deseo es potencialmente conflictivo. El riesgo de entrar en colisión con nuestros modelos es elevado, toda vez que la copia del deseo por un determinado objeto lo convierte en objetivo para dos individuos que desean lo mismo al mismo tiempo. Las dinámicas rivalitarias y conflictivas aguardan habitualmente a quien imita y a su modelo en el momento que alguno de los dos o ambos a la vez deciden reservarse el objeto de deseo para ellos mismos en exclusiva. De ahí que sean proverbiales los odios y las broncas de los que antes eran mejores amigos o parejas. Dos que comparten vida, aficiones, gustos y pasan tiempo juntos, es muy probable que entren en rivalidad por desear objetos exclusivos que no pueden ser compartidos. Más adelante veremos la tragedia de que te guste la novia de tu mejor amigo o la nueva pareja de tu prima.

Tercera Ley. Tu deseo se refuerza si encuentra oposición o dificultad y se debilita y desaparece tras su consecución

El deseo humano es tanto más intenso cuantos más modelos confluyen y desean ese objeto a la vez. La belleza o la escasez de los bienes o las tendencias de la moda no solo están en el ojo de quien mira, sino sobre todo en la suma del número de modelos que desean lo mismo. Hay que anotar que la escasez del objeto de deseo no es la que incrementa la intensidad del deseo, sino que, de modo contrario, es la convergencia de muchos modelos sobre el objeto la que determina la escasez de ese objeto. Por eso, en economía, jamás la escasez de un bien se refiere a una cantidad dada o discreta del propio bien, sino a la demanda real por el mismo. El petróleo no es un bien cotizado porque haya mucho o poco, sino porque hay muchos que pelean por él.

Lo mismo le ocurre a la chica a la que todos los chicos desean. Ella es la más intensamente deseada, por el mismo hecho de que muchos la desean. «Al que tiene se le dará y al que no tiene se le quita hasta lo poco que tiene…».

Consecuencias: el deseo amoroso es tanto más intenso como sean la dificultad, el obstáculo o los esfuerzos que son necesarios efectuar real o implícitamente para alcanzarlo.

La disonancia cognitiva explica por qué muchas personas se esfuerzan con denuedo una y otra vez en contratar psicológicamente su fracaso y su derrota amorosas entrampándose en sucesivas relaciones imposibles, conflictivas o incluso traumáticas.

Cuanto mayores sean las dificultades por alcanzar a la persona que creo que me gusta, más grande será mi deseo.

De ahí que los quijotes amorosos, lo mismo que el original cervantino, siempre están buscando quien más y mejor los vapulee, ignore o vilipendie.

La consecuencia más terrible de esta «locura quijotesca» es que el deseo más intenso nace de la persecución del objeto amoroso más imposible. Esto es destructivo y la explicación del mal denominado «masoquismo amoroso». Muchas personas quedan prendidas y prendadas de deseos intensos por los objetos amorosos más imposibles, precisamente por eso, porque son imposibles, entablando relaciones afectivas con personas emocionalmente indisponibles, narcisistas extremos, mujeres fatales, *bad boys*, y psicópatas integrados.

Estos *masocas* se encuentran seducidos por el atractor extraño de relaciones sin paracaídas, impulsivas o sin futuro. Se enganchan a las más perjudiciales, dañinas o perversas (las famosas *liasons dangereuses*). Sus relaciones les hacen sufrir tanto porque quedan encadenados a la lógica perversa del deseo. Ignoran que su loca carrera les dirige de forma certera hacia su destrucción.

La repetición compulsiva de este esquema a lo largo de una vida les lleva a confundir el amor con el maltrato, y la pasión con el menosprecio y las broncas permanentes, quedando ofuscados por el carácter tormentoso o dificultoso de sus relaciones, tanto más deseables cuanto más dolorosas. Siguen aquellos viejos refranes de «Amores reñidos son los más queridos» y «Quien bien te quiere te hará llorar».

Los casos más extremos de locura amorosa los presentan aquellos que terminan confundiendo cualquier obstáculo con un objeto de deseo amoroso, es decir las *mesalinas* y los *donjuanes*. Para estos, basta que un objeto amoroso potencial sea prohibido, peligroso o imposible para que lo conviertan en objetivo de sus conquistas.

A ellos les dedico un capítulo especial de este libro.

Cuarta ley. La mutua imitación entre tu pareja y tú crea el doble vínculo mimético o reciprocidad

Siendo el deseo siempre mimético, la imitación del imitador sobre el modelo puede y suele revertirse produciéndose un doble vínculo en el que el imitador se transforma en el modelo y el modelo se transforma en el imitador.

Entonces, ambos son a la vez modelos e imitadores mutuos originándose todo tipo de escalamientos miméticos tanto positivos como negativos. El más terrible ejemplo de estos escalamientos es el que causa los casos de violencia doméstica con frecuente resultado de muerte.

La convivencia de una pareja es por antonomasia la situación de mayor riesgo de doble vínculo mimético debido al hecho de que quienes conviven y comparten la propia vida juntos tienen más probabilidades de convertirse en modelos mutuos.

El doble vínculo mimético por el que cada uno se convierte al mismo tiempo en imitador y modelo para el otro puede convertir una relación de pareja en un melifluo paraíso o, por el contrario, en un infierno en la tierra.

La mutua imitación de gestos delicados, caricias, cuidados o piropos puede transformarse en una mutua imitación de insultos, reproches, menosprecio, indiferencia o violencia.

Consecuencias: el doble vínculo produce alternativamente escalamientos de afecto o escalamientos de violencia. La reciprocidad positiva puede quedar sustituida por la reciprocidad negativa. Será cuestión de ver y detectar el mecanismo mimético que genera este riesgo y elegir voluntaria y racionalmente el primer caso.

Otro de los efectos del doble vínculo a evitar será el problema de la envidia dentro de la pareja, que es una causa de ruptura más frecuente de lo que se piensa. Las parejas amorosas se encuentran en riesgo de competir y rivalizar por todo tipo de deseos que pueden terminar copiándose mutuamente: el afecto de los hijos, el éxito profesional en sus carreras o trabajos, la popularidad, la valoración o el aprecio de las amistades comunes... Este tipo de rivalidad o competitividad interna con la pareja genera como subproducto la envidia que horada y socava muy secretamente las relaciones a un nivel poco conocido.

Se busca en todo tipo de ideologías la causa de las desavenencias de pareja olvidando significativamente que esta rivalidad entre hombres y mujeres (en total escalamiento) es la responsable de la mayoría de los casos exacerbados de violencia verbal y física en el ámbito doméstico.

Un caso específico del mimetismo relacional lo podemos ver en el drama habitual en el que uno de los miembros de la pareja o incluso ambos rivalizan con los miembros de la familia de origen del otro. Los chistes de suegras y nueras retratan este drama relacional de las querellas sin fin que proceden de competir por el cariño, el tiempo o la atención preferente del otro miembro de la pareja.

Quinta ley. La mutua imitación o reciprocidad negativa entre tu pareja y tú os condena a un conflicto sin objeto

Uno de los efectos más increíbles del mimetismo y de la violencia exacerbada que este genera entre las parejas cuando se convierten en mutuos imitadores es la desaparición del objeto de deseo a medida que avanza el litigio.

De modo paradójico, la violencia doméstica entre rivales conyugales termina haciendo desaparecer los objetos de la contienda, que pasan a un segundo plano. Cualquiera que sea la pelea: la custodia de los niños, quién se queda con el coche, la casa, cómo se reparte el dinero de la herencia, o quién se queda con el perro, etc., el problema termina siendo el mismo.

La exasperación de la rivalidad mutua está estructuralmente abocada al fracaso sistemático de todo intento mediador o toda negociación. Llegados a este punto todos los intentos mediadores son tan bienintencionados como imposibles. Ningún abogado divorcista puede dudarlo.

A partir de un determinado momento, la rivalidad ya no versa sobre el objeto del litigio, sino sobre el otro miembro de la pareja, tomado este no como objeto, sino como objetivo al que hay que ganar, vencer, someter o sojuzgar a toda costa.

La importancia original del objeto como elemento de conflicto sobre el que se apoyaba la rivalidad va a difuminarse progresivamente a medida que avanza la mutua imitación en el resentimiento y el odio mutuo y va a acabar desapareciendo del conflicto. Ya no se trata de disputarle al rival un objeto determinado, sino de abatirlo y aniquilarlo como persona. Sin objeto por el que pelear solamente queda la reciprocidad negativa al desnudo y vemos la paulatina transformación del otro en «objetivo a batir».

Por ello esta rivalidad mimética entre las parejas culmina con frecuencia en un *maelstrom* violento, insoluble desde ninguna mediación. No hay posible mediación a partir del momento en el que ya no hay objeto a compartir o a repartir puesto que ya el objetivo de cada uno de los rivales es abatir, someter o incluso eliminar al otro.

La violencia devuelve a las claras la realidad esencial de la rivalidad y de su base en el mimetismo del deseo. Nos revela la carencia de objeto real en lo profundo de todo deseo y su carácter emulativo o copiativo. No es el objeto disputado lo primario en los conflictos y en la violencia entre parejas, sino el mimetismo, es decir la imitación mutua en el deseo por algo.

Consecuencias: si bien es verdad que la violencia puede irrumpir en los conflictos de pareja antes de que el objeto de litigio se haya desvanecido en el horizonte, lo cierto es que la reciprocidad violenta confirma la desaparición de los objetos en las contiendas conyugales de todo tipo.

En todas las guerras domésticas, el objeto de la querella termina desmaterializándose ante nuestros ojos. Ya no se pelea por esta o aquella cuestión. En los divorcios, llegados a este punto, no importan ya ni la custodia de los niños, ni la casa común, ni nada. En ese momento, la pelea solo sirve para destruir y aniquilar al otro miembro de la pareja, transformado en un adversario. Debido a su propio mimetismo, los antagonistas quedan mutuamente fascinados, creyendo en la maldad intrínseca del otro y pierden de vista el objeto.

De ahí en adelante, el objetivo es el otro. El objeto de deseo es así reemplazado por el sujeto que es el otro tomado ya como un adversario a batir.

Sexta ley. Tu mecanismo mimético te conduce a creer en dos mitos: la culpabilidad del otro y la percepción de que fue él quien empezó la bronca

Con el final de este proceso de anihilamiento objetal mimético, en el que desaparece todo objeto de la contienda violenta, nacen los mitos.

Los mitos son la historia que nos contamos a nosotros mismos para poder entender algo que nos resulta incomprensible. Pretendemos así obtener una explicación y dotarnos de una representación del problema que nos está ocurriendo que tiene rara vez en cuenta la ceguera mimética propia. El otro miembro de la pareja en conflicto es el malo, el sinvergüenza, el malintencionado, el perverso, etc.

La percepción del mito de la maldad del otro es tan sincera como falsa por estar mecánicamente armada y determinada por el mimetismo o la mutua imitación y por su carácter automático y poco consciente.

Puesto que el objeto ha desaparecido, tan solo queda en los dos rivales el deseo de eliminar al otro. Cada cual percibe desde su lado de la trinchera el proceso de intención y el intento de perjudicarle ajeno y, al mismo tiempo, entiende su propia violencia como mera respuesta a la que le hace el otro.

Esta percepción es simultánea en ambos miembros de una pareja en guerra. Los dos la viven como sincera y evidente, pero en ambos casos es falsa, pues olvida el proceso de escalamiento mimético desde la mutua imitación que origina el conflicto.

Consecuencias: puesto que el mecanismo mimético es el elemento primordial que arma los procesos de mutua imitación que conducen a la reciprocidad negativa y a la violencia en las parejas humanas, es imposible asignar un punto exacto de inicio o rastrear un origen concreto en los conflictos y en la violencia conyugal. De ahí que sea habitualmente imposible rastrear los orígenes de la violencia doméstica.

Son las pequeñas asimetrías, los fallos en la comunicación, los errores en la transmisión de información, los olvidos, despistes o descuidos entre las parejas los elementos que suelen incendiar el conflicto y dar lugar a un rápido proceso de escalamiento mimético que instala la reciprocidad negativa, sin que ninguno de los dos advierta lo mecánico y trivial del proceso imitativo en el que están embarcados. La actuación de las neuronas espejo hace el resto. La mutua imitación explica el escalamiento por medio del cual las parejas pasan del amor más dedicado al odio más cerval.

De la no correspondencia en el afecto, el cariño y el cuidado, se pasa a la mutua indiferencia, y de ahí se salta con facilidad al odio, al acoso y por último a la violencia mutuamente destructiva.

Este proceso mecánico y desconocido por todos los que están inmersos en él da lugar al fenómeno observado mil veces por quienes investigamos la violencia, de que, de buena fe, ambos contendientes en la pareja aducen que «fue el otro el que empezó».

La naturaleza mimética de la violencia conyugal explica que sea imposible asignar un origen o descubrir al responsable primero de ella. Cada uno de los miembros de la pareja envuelto en el conflicto cree absoluta y sinceramente en los mitos de la única responsabilidad de su adversario y de su carácter provocador o iniciador de todo el conflicto. Dicho de otro modo, el culpable es siempre el otro miembro de esa pareja. Siempre es el contrario el que empieza los conflictos conyugales. Cualquier terapeuta de pareja puede confirmar este aserto.

Al no identificar el mimetismo como origen y causa del propio proceso conflictivo, resulta imposible poner coto a sus resultados. Los debates interminables sobre quién provocó el conflicto, quién es su iniciador, responsable o culpable, conducen a una fabricación variadísima de versiones míticas de las causas de la violencia entre parejas (instinto de agresión, ideología machista, pulsión, desviación de la libido, posesividad, etc.) y a la de chivos expiatorios que deben cargar con toda la culpa.

La generación de estos chivos expiatorios es una ilusión óptica que nos deja tranquilos pero que no resuelve nada en materia de violencia doméstica.

En nuestro mundo moderno, ya sabemos que los chivos expiatorios son inocentes de todos los cargos que se les imputan. Por eso ya no funciona el mecanismo sacrificial y por eso ya no es posible resolver de un modo duradero los problemas de violencia mediante un castigo o sacrificio que antaño se mostraba efectivo.

Recurrir a linchar chivos expiatorios ya no es eficaz para contener la violencia producto del mimetismo.

Séptima ley. El escalamiento violento fundamentado en la imitación mutua termina con la destrucción mutua asegurada de ambos miembros de la pareja

A partir de un determinado momento, las parejas en conflicto ya solamente se imitan, sobrecompensando el antagonismo del otro. Este es uno de los epifenómenos más terribles del mimetismo en las parejas y suele ser el responsable de un proceso de mutua destrucción inapelable.

De estas noticias se nutren a diario los noticiarios de todo el mundo sin jamás llegar a comprenderse los mecanismos miméticos que exacerban la violencia y alcanzan hasta el asesinato.

La reciprocidad violenta junto a la desaparición del objeto de rivalidad explican que al final el objetivo de destruir al otro sea el único elemento que une a los dos contendientes en la batalla conyugal. Lo que les une es la violencia mutua.

Consecuencias: en medio del escalamiento mimético llega un momento en el que alguno de los dos decide destruirse para destruir al otro. Los modos de hacerlo suelen ser muy variados. En este caso, la estrategia es siempre alguna versión del «morir matando». Aún mejor, «morir para poder matar». Destruirse mediante el alcohol, las drogas, la adicción al trabajo o incluso mediante la generación inconsciente de enfermedades oportunistas que tienen como objetivo ante todo dañar al otro miembro.

El resentimiento de una mujer contra su marido *workahólico* y ausente puede derivar en la «casual» enfermedad que la aflige y la lleva a retribuirle con tener reglas copiosas que duran dos semanas y la incapacitan sexualmente.

El asesino doméstico que mata a su mujer, arruina su vida para siempre como consecuencia de su propio crimen. Es cierto que ha destruido la vida de ella, pero también en cierto modo ha destruido la suya propia. Llegados a este punto, no hay victorias para nadie, tan solo diferentes grados de derrota.

Uno de los dos se destruye para destruir al otro, sin saber ni descubrir nunca que el proceso mimético que le guía es del mismo tipo que el que dirige a un terrorista suicida.

Conclusiones

La única posibilidad de escapar al conflicto y a su derivación en la violencia nuestra de cada día en materia de relaciones de pareja radica en advertir y constatar en nosotros nuestro carácter mimético y, por tanto, reconocer que la causa auténtica de estos fenómenos que nadie se explica no es otra que la reciprocidad y el escalamiento hostil a que pueden conducir nuestras neuronas espejo si no hay un control neocortical racional que ponga coto a estos mecanismos desde la razón y la consciencia de su funcionamiento. ¿Cómo hacerlo?

Se trata de manera práctica y concreta de observar las múltiples maneras en que participamos a diario y sin saberlo en ese juego mecánico, desconocido e inconsciente en nuestras relaciones amorosas.

Este juego, si se desconoce, puede costarnos muy caro y conducirnos a convertirnos en sus víctimas y a producir otras víctimas. Vivir de espaldas a esta verdad y en plena ceguera obliga a crear las mitologías de la culpabilización del otro y a exonerarnos al mismo tiempo de nuestra participación en todo el proceso.

La salida de este callejón exige una transformación personal de cada miembro de la pareja mediante el conocimiento aplicado del funcionamiento interno de la mímesis conflictiva. En este sentido, es recomendable abordar la lectura de los siguientes capítulos a modo de un proceso de conversión personal o metanoia.

La dificultad que impide la metanoia en un ser humano, en relación a su conflicto de pareja y a la violencia que la amenaza permanentemente, radica en especial en nuestra creencia romántica y en la fuga hacia delante en el proceso de convertirnos en alguien, es decir, el narcisismo.

Ese narcisismo conduce a la vanidad y a creer en el mito romántico universalmente aceptado de que somos «algo» o debiéramos serlo (alguien peculiar, diferente, autónomo, genuino, original, creativo, etc.). Y en esta mentira está la semilla de todo el mal relacional que se observa en las relaciones de pareja.

La tozuda y humillante realidad es que somos seres de segunda mano y que nuestro deseo «desea» sin nuestro permiso y sin nuestra voluntad consciente, quedando a merced de todo tipo de amores locos.

Aceptar que terminamos rivalizando, desplegando la violencia recíproca o el resentimiento, es la primera verdad a asimilar en materia de conflictividad de pareja.

Los triángulos amorosos de todo tipo, las celotipias, las dependencias patológicas, la violencia verbal o física o el crimen son solamente variaciones sobre el mismo tema: la mutua imitación y la reciprocidad correspondiente que esta genera.

Nuestro narcisismo o falta de genuina autoestima nos impide aceptar esta verdad o revelación técnica de que somos esclavos de los deseos de otros, y prefiere dotarse de pseudoexplicaciones que *chivoexpiatorizan* a otros pero que no permiten salir del problema.

El romanticismo de nuestra pretendida, genuina y autónoma existencia nos condena al insensato, desesperado, infructuoso y siempre frustrante intento de llegar a ser «otro» (trascendencia horizontal) copiando los deseos de otros, y entrando con ellos en conflictos múltiples.

La imposibilidad de reproducir, replicar, duplicar o compartir el objeto amoroso es la causa de todas las broncas y de las querellas amorosas celotípicas.

La mutua imitación hace el resto conduciendo a la violencia y a la destrucción mutua asegurada que caracteriza nuestra época y destruye familias y vidas enteras.

Este camino de conversión relacional personal puede resumirse en pasar de la *paranoia* a la *metanoia*.

¡Atrévete a salir de *Matrix*...!

5

EL TRIÁNGULO AMOROSO Y SU MECANISMO PSICOLÓGICO

Cómo funcionan psicológicamente los triángulos amorosos

Hay quien dice que los celos son la manifestación del verdadero amor. Para nada es así. Los celos, la rivalidad y la envidia son el resultado natural que produce la lógica del deseo amoroso debido a su naturaleza triangular y mimética.

Deseamos lo que vemos desear a nuestro modelo. Y esto es un problema siempre que el objeto de deseo no puede ser compartido.

La transformación del modelo en obstáculo es lo que genera la rivalidad, la envidia, el resentimiento y, finalmente, la violencia. La mutua imitación o reciprocidad puede pasar de ser positiva (amor–amor) a la reciprocidad negativa (odio–odio). La tragedia de la trascendencia desviada o idolatría relacional lleva a convertir al otro en un dios al que adorar (imitar). Su calificativo como algo negativo no procede de un esquema apriorístico moral o ético sino de su evidente consecuencia destructiva para las relaciones amorosas.

Desde el momento en que alguien es modelo para mis deseos, voy a tener que entrar en conflicto con él y él conmigo de una forma que me dirige a la rivalidad y violencia.

El carácter mimético del deseo nos revela que la apropiación de un objeto amoroso o sexual no se produce *per se* o por características del propio objeto amado, sino mediante la copia del deseo de otro ser humano por ese mismo objeto que es anterior. Esto es la fuente inagotable de los conflictos amorosos entre seres humanos.

Al desear lo que el otro desea, el sujeto A transforma a su modelo B en un rival, en un verdadero obstáculo que le cierra el camino, al mismo tiempo de haberlo seleccionado como modelo. A clona o imita el deseo de B por el objeto amoroso C (que supuestamente le atribuía desear). La adquisición o posesión del objeto es percibida por el narcisismo de A como una forma de llegar al ser de B, alcanzar su nivel, categoría, en definitiva a su estatus como «ser» superior:

1. *Refuerzo del deseo por el objeto y resistencia de B.* Al notar el deseo de A por el objeto C, el modelo se transforma en imitador de su imitador. B refuerza su deseo por el objeto C por el mero hecho de que A muestra interés en él. Con ello nace el doble vínculo, es decir, dos partes que se imitan recíprocamente en cuanto a sus deseos. El deseo de ambos, A y B, por C redobla en intensidad.

    a. El modelo B refuerza su deseo por el objeto C, deseo que quizás había desaparecido o incluso nunca había existido en absoluto, pero había sido presupuesto por A como real.

2. *Rivalidad mutua por el objeto*

    a. Ambos contendientes inician una guerra por la consecución exclusiva del objeto.

    b. En el proceso, el modelo B es percibido por el agente A como obstáculo para alcanzar el «ser» desde la apropiación del objeto C.

    c. El sujeto A es percibido por el modelo como un usurpador de su deseo por el objeto C.

d. El tiempo desaparece. Los dos reivindican la prioridad de su deseo por el objeto C. Ambos tienen razón
y ambos a la vez se equivocan. La ceguera del mimetismo y el doble vínculo mantienen en los dos contendientes la ilusión de que «el otro empezó».

3. *Reducción de las diferencias entre imitador y modelo: dobles
gemelos*

a. A percibe de manera creciente que la diferencia con
su modelo B es cada vez menor. Se refuerza el carácter inestable de la diferencia o carácter especial o único del modelo.

b. A se plantea reducir la diferencia mediante acciones
o estrategias que persiguen:

- Menoscabar el prestigio social del modelo B para eliminar la percepción pública del carácter
ideal o adecuado del modelo B para ser imitado
por otros.

- Arrebatar el objeto C al modelo B, privándole de él.

- Mantener la inequidad de roles entre A y B, pero
invirtiéndolo. Ahora el imitador se vuelve modelo para su anterior modelo.

4. *Establecimiento del doble vínculo o mutua imitación. Despliegue
de la reciprocidad negativa.* Las estrategias de A son imitadas
a su vez por el modelo B, dando lugar a que A es a la vez
el modelo de B, además de su imitador (doble vínculo).
Sugestión e imitación se intercambian en un escalamiento que instala a ambos en la reciprocidad negativa:

a. Se desarrollan sentimientos de animadversión que se
realimentan mutuamente:

- *Envidia*: no puedo verlo, tengo que quitarlo de
mi vista.

- *Rivalidad*: tengo que poder vencerlo, tengo que ganarle, tengo que poder con él.
- *Resentimiento*: proceso de intención que presume la animadversión del otro. El otro es malvado, pérfido, malintencionado, cruel...

5. *Desaparición del objeto y génesis de mitos.* Puesto que el deseo es mimético, ha generado un objeto amoroso nuevo que previamente no existía para A, una ilusión arrastra a ambos, A y B:

   a. Para A se genera la ilusión de que su interés por el objeto C era anterior o primordial. Yo lo vi primero.

   b. Para B se genera la ilusión de que A tiene mala intención a la hora de pretender arrebatarle el objeto de deseo. A es un malvado, pérfido y envidioso.

   c. Ambos, A y B, entran en una guerra por el objeto amado C.

UN EJEMPLO REAL DE TRIÁNGULO AMOROSO

Juan y Antonio son amigos desde la infancia y suelen quedar juntos para salir. Desde siempre Antonio tiene más la iniciativa y parece ser el líder informal del grupo de amigos en el que ambos se mueven para salir.

Juan parece ser un poco más tímido para ligar y se muestra más retraído que Antonio a la hora de *entrar* a las chicas en un ambiente festivo un sábado por la noche.

El sábado pasado, al entrar en la discoteca, Antonio mira a una chica que está en un grupo creyendo reconocer en ella a una antigua compañera de clase de su colegio. A pesar de que echa un vistazo rápido al grupo de amigas y vuelve su mirada inmediatamente hacia sus amigos que están en la barra con él, esto no pasa desapercibido para

---

→

Juan. A Juan le resulta evidente que Antonio muestra un interés especial por esa chica y lo confirma cuando ve que aprovecha una incur-
sión al baño para pasar por su lado y entablar conversación con ella.

Al ver a Antonio charlando con la chica, Juan no puede sino sentir curiosidad y acercarse. La conversación va sobre los viejos tiempos, los profesores y las anécdotas de cuando Antonio y María, que así
se llama, coincidieron en aquel colegio.

Juan se acerca y pide ser presentado a María, a lo que Antonio ac-
cede, no sin sentir repentinamente una cierta incomodidad por esa
intrusión de Juan en esa conversación.

Aunque Antonio conoce a María desde hace años y nunca le gustó
ni realizó ningún intento de salir con ella, sin saber por qué le apetece resultar ocurrente y comienza a desplegar frente a María una actitud de ga-
lanteo o flirteo que Juan observa con incomodidad.

La noche transcurre en la discoteca entre la divertida charla de Antonio, quien despliega todas sus capacidades de encantamiento y seducción habituales, y los torpes intentos de Juan de caerle bien a María.

El resultado se salda cuando Antonio al cabo de un rato aparta a
María a un reservado de la discoteca y a los pocos minutos se marcha
con ella agarrada a su brazo. Al salir, Juan no puede sino sentir malestar por lo que está presenciando. Se siente traicionado por su amigo.

Juan se siente miserable y furioso con Antonio por haberle levan-
tado a la chica que le gustaba justo cuando él se estaba aproximando a
ella. Su amigo debería haberse apartado. Al fin y al cabo, nunca le había interesado salir con María…

Ya no le importa la chica, pero le queda un resentimiento contra
Antonio por haberle fastidiado el plan de la noche.

Antonio, una vez fuera de la discoteca y constatado su triunfo sobre los torpes intentos de Juan por ligarse a la chica, descubre que, en
el fondo, no le gusta María y la despide en la esquina marchándose a
casa acto seguido. Aun así, al día siguiente, envía al grupo de Whats-
App de sus amigos un mensaje dando a entender lo bien que se lo ha
pasado con ella la noche anterior…

En los siguientes días y semanas Juan y Antonio ya no se llaman ni se ven.

Están enfadados. La relación se enfría y nunca más vuelven a quedar.

Una amistad de toda la vida ha quedado rota para siempre.

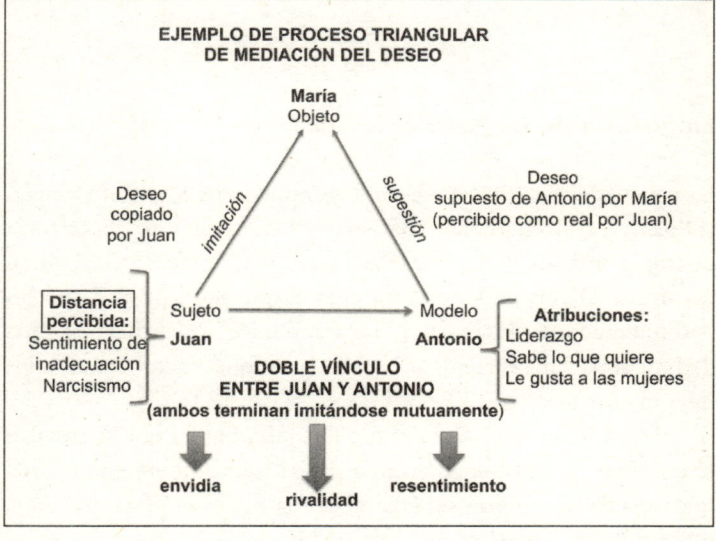

EJEMPLO DE PROCESO TRIANGULAR DE MEDIACIÓN DEL DESEO

6

EL RIESGO DE LA RIVALIDAD EN LA PAREJA: *LA GUERRA DE LOS ROSE*

La historia de *La guerra de los Rose*

La película es de 1989 y está protagonizada por Michael Douglas (Oliver), Kathleen Turner (Bárbara) y Danny de Vito. La historia de una pareja, los Rose, es narrada por un abogado especialista en divorcios (Danny de Vito) a un cliente que acude a su despacho con intención de poner fin a su matrimonio. La película está llena de moralejas y frases lapidarias del abogado que va comentando los diferentes episodios.

En el filme se muestra el modo sibilino en el que se instalan el conflicto y la rivalidad en una pareja inicialmente enamorada que entabla una guerra sin cuartel por la posesión de la casa en la que habitan y que desemboca en su autodestrucción.

El tema queda expuesto ya en la primera escena cuando el experto abogado pregunta a su cliente recién llegado, que permanece mudo toda la película, «¿Tiene algún motivo válido para divorciarse?».

En el proceso terrible que se cuenta en esta historia, los motivos aparentes de los enfrentamientos que acaban con la destrucción de las parejas no parecen ser suficientes ni mucho menos racionales. Y todavía peor resulta constatar que las raíces de esa ruptura y aniquilación final se encuentran ya presentes en el modo romántico que tienen de enfocar su relación en sus inicios. El abogado comienza su relato de la siguiente forma: «Bárbara y Oliver Rose, creo que debe conocer su historia, le puede ser muy útil. No pondré en marcha el reloj. Mi tarifa son cuatrocientos cincuenta dólares la hora. Si un hombre que cobra cuatrocientos cincuenta dólares la hora quiere contarle algo gratis, creo que le interesa escuchar. Se conocieron, y estupendo, los dos estaban de acuerdo en eso, pero era evidente que lo de esos dos infelices tenía que acabar mal».

Poco a poco ella se percata de que Oliver va a lo suyo en su profesión y en su vida, sin preocuparse para nada de atender sus necesidades. Bárbara ve aumentar cada vez más su resentimiento hacia Oliver. Le irrita cada vez más su forma de comer, su forma de reírse y, en general, toda su forma de ser.

Cuando Bárbara le plantea que quiere iniciar un negocio relacionado con la cocina para realizarse, Oliver la ignora, se muestra indiferente y la menosprecia dudando de su capacidad para hacerlo. Ella se siente frustrada y humillada por la actitud de su marido.

Durante un amago de infarto, Oliver es ingresado en el hospital. Él cree que va a morirse y aunque avisan a su mujer, ella no se presenta y él se lo recrimina al llegar a casa. Bárbara le confiesa cómo, ante la idea de que hubiera fallecido, ella se sintió libre y feliz. Ante esa revelación, Oliver se siente desconcertado, no comprende nada y le pide una explicación y una disculpa a Bárbara. Ella, por el contrario, admite que le detesta, que no puede soportarle más y que desea divorciarse.

El abogado, Danny de Vito, actuando como narrador de toda la historia, cuestiona el modo de dejarse llevar por el primer impulso y la idealización romántica de las parejas. Las relaciones que se dejan a la deriva sin invertir en el cuidado mutuo suelen naufragar. No basta el enamoramiento idealizante que se muestra al principio de la película y que luego pasa y deja espacio al conflicto y la violencia. Al amor hay que darle soporte y es imprescindible trabajarlo día a día.

El film narra·de forma magistral el efecto que produce el mito del romanticismo en las parejas que olvidan significativamente que el amor es necesario regarlo y cultivarlo cada día. El sentimiento de enamoramiento inicial da paso a la banalidad y al olvido de la atención y el cuidado del otro, intermediando para todo esto decisivamente la ambición, los agobios de la vida, el egoísmo y el narcisismo de cada uno.

Las asimetrías y los malentendidos mutuamente correspondidos y sobrecompensados hacen el resto, condenando a las parejas al resentimiento mutuo, tal y como lo experimentan ambos protagonistas en la película.

El antagonismo aparece en Oliver en forma de indiferencia, pasotismo y menosprecio, y en Bárbara en forma de un rencor y de un antagonismo creciente que terminan explotando en la escena en la que ella le pide el divorcio porque ya no puede aguantarle más.

A lo largo de varios episodios de la película, podemos constatar la ceguera de ambos contendientes respecto a todo su conflicto y nos damos cuenta de que ninguno de los dos es consciente de sus causas. Avanzan gradualmente hacia una certera catástrofe sin percatarse del proceso que les está llevando, primero, a la ruptura afectiva y, después, a la destrucción efectiva.

«¿Pero ¿qué rayos te pasa?». Esta pregunta formulada recurrentemente por Oliver en varias escenas muestra esta desazón y la falta de luz interior para ver lo que está socavando su relación.

El comentario del abogado (Danny de Vito) actuando como narrador es elocuente y refleja el grado de ceguera mimética habitual en las parejas en estos procesos: «Cuando llevas con una mujer un tiempo, llega un momento en el que le haces esa pregunta; si no la contesta, hay bronca, y si hay bronca, te llegan los golpes por donde menos te lo esperas».

La casa en la que ambos deben convivir durante el proceso de divorcio es el territorio común donde se representa la tragedia de la pareja, cuyo antagonismo creciente se materializa en incidentes que se van incrementando en una escalada sin fin que empieza con pequeñas jugarretas hasta graves agresiones que desembocan en último término en la muerte de los dos.

La casa es el principal objeto de litigio que les enfrenta en el divorcio y que termina quedando destruida y reducida a ruinas por los actos de violencia. El objeto, así, tal y como predicen las leyes miméticas, desaparece del conflicto como elemento central y solamente quedan la rivalidad y el antagonismo que condenan a ambos finalmente a la mutua imitación y a la muerte.

El resultado es la muerte de ambos cónyuges a causa de las agresiones que se infligen uno a otro. Una destrucción mutua asegurada.

La moraleja final de la historia de los Rose

El consejo final del abogado a su cliente es que entienda que la situación que ha terminado destruyendo a los Rose no es otra que la rivalidad que se ha establecido entre ambos y que ha acabado con sus vidas de un modo aparentemente accidental, pero en realidad previsible, pues la escalada de la violencia entre parejas jamás puede terminar bien: «Cuál es la moraleja de todo, aparte de que los amantes de los perros no deben casarse con los amantes de los gatos, no lo sé, podría ser esta: divorcio civilizado es una expresión contradictoria. Tal vez por lo que pasó me he vuelto tradicional. Tal vez no sea natural pasar unido toda la vida a otra persona… Mis padres lo hicieron… Sesenta y tres años y algunos fueron buenos. Así que a ver, podemos empezar. Respecto a su mujer, mi consejo es que sea generoso hasta el punto de que le quite el sueño porque lo importante aquí es pasar este trago lo más rápidamente posible para que pueda rehacer su vida, ¿entiende? O… también puede irse a casa y tratar de encontrar un rastro de lo que un día amó en la novia de su juventud. Es su vida. Piénselo bien».

La recomendación del abogado a su cliente respecto a ser en el divorcio con su esposa «generoso hasta que le quite el sueño» no es un consejo barato o facilón de tipo masoquista o suicida, sino la aplicación práctica de una sabiduría especial que nace de observar cómo funciona el mimetismo y de anticiparse y prever las consecuencias fatales de ignorarlo.

Poner la otra mejilla puede no ser un consejo evangélico insignificante, sino el único modo de poner fin a la mutua imitación en la pugna por el objeto. Dejar de resistirse al mal relacional significa extinguir la energía de la que se nutre, es decir, la rivalidad. Renunciar al objeto es la medida salvífica por excelencia, la que asegura y garantiza la supervivencia. Agarrarse al objeto significa echar gasolina al fuego del resentimiento y la competitividad. Un proceso en el que se pierde al objeto de vista y que garantiza frecuentemente su destrucción, ya sea una casa, un coche, un perro o los hijos comunes...

Ceder al otro el objeto de la disputa supone una ascesis y una sabiduría personal que, renunciando a la rivalidad que mantiene vigente el antagonismo entre ambos, detiene la mutua imitación que lleva al aniquilamiento autodestructivo.

«La vida no vale el vestido» o lo que es lo mismo, no merece la pena disputar por algo que amenaza la propia existencia, sea cual sea este algo. Anteponer la querella por el objeto a la propia integridad, felicidad o salud es algo que siempre resulta suicida a la postre.

La vida de las parejas suele estar repleta de una variada gama de situaciones de rivalidad que las condenan a un ejercicio mutuamente desgastante de tener que estar con la guardia alerta y de vivir en una paranoia constante.

No hay que investigar mucho para encontrar en el ámbito conyugal todo tipo de objetos que marcan la estampida de una rivalidad mutua que acaba siempre «como el rosario de la aurora».

Las más habituales son las rivalidades que tienen que ver con la competitividad entre los miembros de la antigua familia de origen y uno de los miembros de la nueva pareja y que son tema de algunos refranes populares: «Suegra, cuñada y yerno, la antesala del infierno», «Una suegra y una nuera no caben en una pradera», etc.

Uno de los temas más habituales que nutre la rivalidad entre parejas ya desavenidas es el de la custodia o el control físico o psicológico de la propia prole. De ello hablaremos en el siguiente capítulo.

7

LOS HIJOS COMO OBJETO DE RIVALIDAD: EL JUICIO DE SALOMÓN

La historia de Salomón: hijos sacrificados a la rivalidad

El famoso juicio de Salomón narra una de las historias más reveladoras de cómo funciona el mimetismo humano y cuál es la única salida a sus manifestaciones satánicas.

La situación fundamental de numerosas parejas es un juicio de Salomón sin que haya ningún Salomón que ejerza de árbitro. Y cuando un juez legal hace de árbitro, los resultados son siempre catastróficos.

Todos los padres que entran en litigios judiciales con hijos de por medio deberían meditar sobre esta historia bíblica y sobre las posibles consecuencias de las guerras miméticas sobre los objetos de disputa, es decir sobre la elevada probabilidad de su destrucción.

La historia que narra la Biblia es la siguiente:

Un día acudieron al rey dos prostitutas. Se presentaron ante él y una dijo: «Majestad, esta mujer y yo vivíamos en una misma casa. Yo di a luz, estando ella en casa y tres días después ella también dio a luz. Estábamos nosotras solas, no había nadie con nosotras en casa, solo estábamos nosotras dos. Una noche murió el hijo de esta mujer, porque ella se durmió encima de él. Entonces ella se levantó a medianoche, y mientras yo estaba dormida, tomó a mi hijo de mi lado y lo acostó a su lado y luego puso junto a mí a su hijo muerto. Cuando me levanté por la mañana para dar el pecho a mi hijo, vi que estaba muerto, pero a la luz del día lo observé y descubrí que ese no era el hijo que yo había dado a luz». Entonces la otra mujer replicó: «No; mi hijo es el vivo y el tuyo es el muerto». Pero la primera insistía: «No, tu hijo es el muerto y el mío el vivo». Y se pusieron a discutir delante del rey. El rey entonces dijo: «Una dice: "Mi hijo es este que está vivo y el tuyo es el muerto". Y la otra replica: "No, tu hijo es el muerto y el mío el vivo"». Y añadió: «Traedme una espada». Y le llevaron una espada y el rey ordenó: «Partid en dos al niño vivo, y dad la mitad a la una y la otra mitad a la otra». Entonces la madre del niño vivo, profundamente angustiada por su hijo, suplicó al rey: «¡Majestad! dadle a ella el niño vivo, y no lo matéis». La otra en cambio decía: «Ni a mí ni a ti; partidlo». Entonces el rey sentenció: «Dad a aquella el hijo vivo, y no lo matéis, porque ella es su madre». Al enterarse de la sentencia que había dictado el rey, todo Israel sintió respeto por él, pues comprendieron que estaba dotado de una sabiduría excepcional para hacer justicia (1 Reyes, 3, 16-28).

La primera mujer acepta el sacrificio del niño, y admite que se cometa el crimen, mientras que la otra, a la que podríamos denominar la «buena» mujer, se niega en redondo a semejante cosa.

Esta es la situación demasiado habitual en la que los hijos se convierten en la moneda de cambio o, dicho de otro modo, en el objeto de la rivalidad de ambos contendientes en relaciones ya transidas e infectadas de violencia autodestructiva.

La única verdadera razón por la que se pelean finalmente por esos hijos es esa rivalidad realimentada.

Lo que fundamenta el valor del objeto en que se convierte la pugna por los hijos es solamente el hecho de que el otro los quiere acaparar para sí mismo. Esto suele ser muy complicado de aceptar por los que se embarcan en estas guerras...

El problema es que, al no tener fin esa rivalidad, el objeto siempre termina desapareciendo como prioridad e incluso queda sacrificado al enfrentamiento de ambos antagonistas.

Muchas parejas que alcanzan el nivel irreversible de la violencia mutua y del antagonismo a ultranza suplantan como elemento unificador el amor por el conflicto y el odio. Su unión es tan certera como antes lo fue en el enamoramiento, solo que esta vez se basa en el odio.

Los objetos que nutren esa unión son más bien irrelevantes, aunque las racionalizaciones neocorticales pueden llevar a percibir que son importantísimos o incluso esenciales.

Sacrificar a los inocentes a la rivalidad

La lectura de estas líneas puede escandalizar a muchos, y sin embargo, el análisis detenido de estos conflictos permite afirmar que suelen desembocar en una situación demoledora que cursa con la mismísima destrucción del interés superior que deberían tener los menores.

Los hijos implicados en guerras conyugales no entienden por qué aquellos que deberían cuidarles no abandonan sus rivalidades en aras de su bienestar.

Una educación sentimental de corte romántico y mítico nos informa que los padres y las madres siempre aman a sus hijos. Y, sin embargo, la realidad del mimetismo aplicado al análisis de los conflictos nos demuestra una y otra vez que estos suelen ser sacrificados por ambos a la rivalidad del conflicto.

Solamente la renuncia a la rivalidad preserva el objeto

El episodio del juicio de Salomón no solo ejemplifica la situación rivalitaria, sino que además ofrece la única salida real a esta aporía y la única alternativa a la destrucción que avanza hasta consumirse: la de la renuncia.

Es paradójico entender que solamente la renuncia al objeto de litigio garantiza su preservación. Pero esa es la verdad. En particular, en las peleas con hijos por medio.

Las victorias judiciales en esta materia siempre resultan ser victorias pírricas...

Y es que, tratándose de mimetismo, jamás hay victorias sino solamente diferentes grados de derrota. Las victorias siempre son provisionales e incompletas.

La emergencia de una víctima siempre inesperada es el precio que se paga por no entender el proceso *rivalitario* y por no renunciar a este.

Hace falta tener altura de miras y querer preservar el objeto de litigio y a sí mismo para renunciar, como hace la verdadera madre, a ese objeto por el bien del propio objeto que de otro modo va a quedar destruido.

Somos inconscientes sacrificadores cuando inmolamos nuestra propia felicidad y la del objeto de litigio (los hijos) a la rivalidad contra nuestra pareja.

PEPE Y VANESA:
UNA VERSIÓN MODERNA DEL JUICIO DE SALOMÓN

Pepe y Vanesa se están divorciando. Aunque todo ha sido relativamente tranquilo en el proceso de desencuentro de la pareja, el problema surge en este momento previo del divorcio legal a la hora de ver quién se queda con la custodia de los niños.

Se trata de Pablo y Antonio, dos hermanos de ocho y once años que fueron adoptados en un orfanato bielorruso cuando eran bebés.

El juez ha decretado que se haga un informe de aptitud para ver si es posible acceder o no a la pretensión de cada uno de quedarse en exclusiva con la guardia y custodia de ambos niños.

→

Mientras llega el momento de hacer esa evaluación psicológica, Pepe y Vanesa están intentando «ganarse a los niños», indisponiéndolos contra el otro cónyuge.

Los niños no entienden nada y están cada vez más nerviosos. Lloran por todo y se despiertan por la noche con pesadillas. Han perdido el ritmo en clase y sus profesores y tutores han alertado a los padres de cambios en su rendimiento escolar y en su comportamiento que les preocupan.

Pablo ha comenzado a chuparse el dedo y a orinarse en la cama, mientras que Antonio ha empezado a mostrar actitudes hostiles en el colegio contra otros compañeros, con pequeñas agresiones que son cada vez más frecuentes.

La situación que identifican en la consulta los psicólogos consiste en que estos niños muy pequeños están en el medio de la guerra por su custodia. Sus padres están constantemente agobiándolos para lograr obtener ventajas en detrimento del otro miembro de la pareja en plena ruptura ante la situación judicial que se avecina. En el transcurso de la pugna los niños se muestran cada vez más alterados.

Los dos creen que es el otro el que ha de ceder y no están dispuestos a llegar a ningún acuerdo.

El tiempo pasa y los niños son evaluados por el equipo de psicólogos escolares que establece que esa situación es nociva en grado sumo para los menores y amenaza con comprometer severamente su desarrollo.

Al acudir a la consulta, el pequeño Antonio, de once años, refiere que sueña frecuentemente con muertos y aclara al psicólogo que «le gustaría estar muerto para no tener que estar en casa cuando mamá y papá discuten por nosotros».

A pesar de las advertencias de los psicólogos, el equipo de mediadores del juzgado no consigue que los padres se pongan de acuerdo y que detengan las hostilidades por el bien de los propios menores.

La situación se prolonga durante meses. Un día, Vanesa descubre una carta redactada por su hijo Antonio en la que se despide de su familia. Horrorizada, lee en ella que está pensando en quitarse la vida.

8

EL TEST DE LAS
5 TRAMPAS DEL AMOR

Las trampas del amor loco en las que puedes caer son variadas y no se excluyen mutuamente. Puedes atravesar varias de ellas a lo largo de tu vida amorosa y es frecuente que lo hayas hecho, pues las relaciones de pareja son como un baile en el que cada uno se acomoda al estilo del otro.

Quizás no hayas sido tú, sino tu *partner*, el que haya incurrido en alguna de estas trampas. La información que te va a proporcionar este test es fundamental a la hora de descubrir el modo en que nuestros cerebros miméticos tienden a configurar sin nuestra consciencia las relaciones amorosas.

El test está basado en los trabajos de René Girard y tiene en cuenta los desarrollos y conclusiones más recientes de Gallese y Rizzolatti sobre cómo funcionan las neuronas espejo.

No tiene la rigurosidad científica que podríamos exigirle a una herramienta psicométrica, sino que debe usarse más a modo de brújula de orientación para reflexionar acerca de los patrones amorosos que uno sigue sin darse cuenta.

El test es autocorregible y puedes obtener al final una puntuación que te va a indicar las tendencias más marcadas que tienes como pareja amorosa. En cada cuestión planteada intenta ser sincero contigo mismo a la hora de responder las preguntas.

Al terminar, puedes irte directamente al capítulo que corresponde con la trampa en la que caes más habitualmente.

Las tendencias que se derivan de los resultados no marcan un tipo de personalidad, sino más bien un patrón de comportamiento en las relaciones amorosas, es decir una compulsión de repetición, que puedes haber adquirido por efecto del aprendizaje y la imitación de modelos. Estos resultados marcan un viejo y mal hábito de actuación que puede ser modificado y corregido desde la autoconsciencia.

Si tomas consciencia de estos malos hábitos desde el neocórtex mediante tu cerebro racional, puedes verte libre de estos patrones que comprometen tu búsqueda del verdadero amor.

Para cada una de estas cuestiones, lee la pregunta atentamente y piensa cuál de sus alternativas te refleja. Indícalo seleccionando aquella respuesta de las que se plantean en cada ítem que mejor te define.

1.   **¿Cómo se puede describir tu proceso de selección de parejas?**

a.   Suelo depender de los/las amigos/as y de mi grupo. Si a ellos/ellas les gusta una persona, es probable que me lo pueda pensar y avanzar.

b.   Suelo convertir a mis parejas en personas deseadas por todos. Me encanta escuchar halagos, piropos o que me hablen maravillas de ellas.

c.   Siempre ando detrás de quien me ignora o no me aprecia. Me encanta el reto de conseguir a esas personas. El que la sigue, la consigue.

d.   Simplemente busco al/a la mejor y más guapo/a y exitoso/a candidato/a del mercado y salgo con él/ella. Es lógico que quiera salir conmigo.

e.   Me enamoro de personas que me necesitan. Lo doy todo y me vacío en cuerpo y alma para que estén bien.

f.   Me centro en construir una relación sólida. Las relaciones son algo más que un sentimiento pasional momentáneo.

2. **¿Con qué tipo de parejas saliste/te ennoviaste en el instituto?**

   a. Siempre me gustaban las parejas de mis amistades. Pensaba que ellos/ellas no les daban lo que yo sí podía haberles dado.

   b. Salía con los mejores *pibones*, pero al cabo de dos semanas se volvían flirteantes con todos los/las demás.

   c. Intentaba salir con *pibones* que estaban por encima de mi categoría o nivel. Mis amigos/as me decían que nunca lo conseguiría.

   d. Siempre lograba salir con el/la más guapo/a y popular de todos/as. Pero nunca me duraban mucho.

   e. Con gente a la que ayudaba en sus deberes, exámenes, gente a la que hacía todo tipo de favores, y por la que lo di todo.

3. **Es tu primera cita, ¿qué has preparado para esta noche?**

   a. La típica cena romántica con ambiente, velas y beso apasionado al final.

   b. Una cita en un lugar público donde todos me vean con mi pareja del brazo.

   c. Salgo con todas las armas para triunfar como un/a matador/a. Una noche triunfal me espera. Triunfar o morir.

   d. Una cita en la que voy a pasarle revista de todo de un modo muy exigente. Todo debe ser perfecto si quiere que yo repita.

   e. No he preparado nada. Me dejo llevar por lo que haya organizado él/ella y me acomodo de un modo fácil.

   f. Después de ponernos de acuerdo en dónde quedar, decidimos ir a un lugar que nos gusta a ambos por la música y el estilo del local.

4. El primer beso. ¿Cuál es tu estrategia para conseguirlo?

a. Tiene que ser algo muy romántico y especial. No puedo esperar al día siguiente para contarles a mis amistades lo sucedido.

b. Me mantendré firme dándole caña, y manejando mis armas para seducir y hacer que lo desee más que yo, creando mucha tensión sexual.

c. Atacaré cuando menos lo espere, al asalto y robándole el beso.

d. Utilizaré mi gran pasión sexual irresistible desde el principio, de modo que si no sigue el juego la/lo descartaré.

e. Le dejaré al otro tomar esa iniciativa.

f. Iremos sin prisa tomándonos el tiempo necesario. Las prisas son siempre malas consejeras.

5. Es un sábado por la noche, ¿qué es lo que te pones para salir?

a. Llamaré a mi panda de amigos/as para ver qué nos ponemos.

b. Una ropa *fashion* que coloque a los demás con la lengua fuera.

c. Algo que me dé aspecto duro/a, implacable o fatal.

d. Algo que llame la atención y que me convierta en el centro de la fiesta y que haga que todos me miren.

e. Algo que me haga pasar desapercibido/a, como uno/a más.

f. No le doy importancia a lo que me pongo para salir, porque lo importante para mí es pasar un buen rato con mis amigos.

6. ¿Adónde vas a salir esta noche?

a. A un nuevo local que he descubierto y que a mis amigos/as les va a encantar.

b. Allí donde yo vaya, la fiesta me sigue, porque soy el que anima siempre el cotarro.

c. A un local exclusivo al que muy pocas personas tienen acceso.

d. Me gusta ir a los sitios VIP *exclusive* en los que me tratan como un marqués o una reina.

e. Soy muy acomodable. Me adapto a lo que mis amigos/as quieran hacer.

f. Voy a mi lugar preferido. Allí encuentro a mis amistades de siempre que son grandes personas.

7. Se abre la primera posibilidad de una escapada juntos de fin de semana, ¿qué tipo de plan preparas para tu pareja y tú?

a. Llamo a toda la cuadrilla para ver qué plan podemos hacer todos/as juntos/as.

b. Me gusta algún lugar de moda donde haya ambiente y podamos ser vistos y reconocidos como pareja.

c. Busco realizar alguna competición deportiva: una carrera de bicicletas, ir de senderismo, o subir alguna montaña.

d. Contrato algún pack en un hotel de superlujo de Marbella con «todo incluido».

e. Hago planes en torno a lo que le gusta hacer a mi pareja. Todo lo que a ella le pueda apetecer.

f. No me gusta precipitar las cosas. Prefiero esperar un par de meses a que nuestra relación madure.

8. **Quedas a cenar para conocer a tu familia política (los padres de tu pareja), ¿qué es lo que esperas que ocurra?**

a. Espero llevarles a un restaurante caro y romántico para demostrarles cuanto amo a su hijo/hija.

b. Espero que no mencionen a alguno de sus ex, pues si lo hacen voy a montar un pollo. Siempre estoy alerta de que sus exparejas no vuelvan a entrometerse y a liarla.

c. Aunque sus padres no me traguen inicialmente, eso me da igual, porque al final conseguiré ganármelos y que coman en mi mano.

d. Es mi ocasión para lucirme. Espero poder contarles todo mi currículum para que vean la suerte que tiene su hijo/hija de salir conmigo.

e. Me dejo llevar al sitio que ellos prefieran, incluso si no me apetece mucho ese tipo de comida.

f. Me muestro sincero tal y como soy sin preocuparme excesivamente de cómo les caigo.

9. **Has invitado a cenar a tu pareja a tu casa, ¿qué mesa estás pensando en preparar?**

a. Preparo una atmósfera romántica para dos, con mantel, luz de velas y una botella de vino.

b. Voy a preparar algo inolvidable que sea el primer paso para seducirla.

c. Voy a ensayar algo nuevo, algún plato que nunca he preparado.

d. Champán, caviar y marisco. Todo encargado para que me lo traigan a casa ya preparado, por supuesto.

e. Cualquier cosa que a ella le guste aunque a mí no. Lo importante es conocer sus gustos y complacerla a ella.

f. Algo que podamos hacer juntos y nos divierta preparar a ambos.

10. **Hoy es el gran día de tu vida. Te casas con tu pareja. ¿Cómo te sientes?**

a. Me caso con el hombre/la mujer de mis sueños que casualmente es el/la ex de un amigo/a cercano. Estoy molesto/a porque un amigo/a no ha aceptado la invitación a la boda.

b. Esto va a ser un bodorrio. La boda del año. Todo el mundo hablará de ella después...

c. Temo que todo el glamur y el encantamiento desaparezca después de la boda y el viaje de novios. Me preocupa que no sea duradero.

d. Me inquieta que no pueda aguantar la jaula. Esto de estar solo con una persona el resto de mi vida me da agobio.

e. Quiero que sea el día más inolvidable de la vida de mi pareja. Prometo en serio lo de servirla todos los días de mi vida.

f. Estoy comenzando la aventura más grande de mi vida con la persona con la que quiero compartirla y a la que he prometido amar.

11. **Tu pareja está atravesando una crisis profunda, ¿qué haces para resolverla?**

a. Le llevo a cenar a un sitio romántico. El truco que mejor funciona siempre es volver al apasionamiento inicial.

b. Todo es culpa de la gente que tiene envidia de nuestra pareja. Espero que todos ellos no nos afecten.

c. Me empleo a fondo sabiendo que hay que picar la mina para sacar los diamantes. No ahorro esfuerzo alguno.

d. Estoy hasta las narices de estas crisis. Espero que, como siempre ocurre, pasen solas y se resuelvan con el paso del tiempo. Si no, que le den….

e. Me siento culpable y responsable y me aseguro de que estoy haciendo todo lo posible para que mi pareja no esté mal. Haré todo lo que ella necesite para estar bien.

f. Sé que las crisis ocurren y que hay que trabajar en las relaciones para que no se deterioren.

12. Puesto que nadie es perfecto, ¿qué es lo que cambiarías de tu pareja?

a. Que no hubiera salido antes con mi amigo/a.

b. Cambiaría todo en ella. La moldearía como un escultor para dejarla como una escultura perfecta digna de admiración.

c. De hecho, ya he conseguido que cambie: ella creía que me detestaba y no me podía ni ver. Ahora come de mi mano…

d. Un poco más joven, más delgada… En fin, siempre puedo encontrar alguien mejor que ella.

e. Entiendo sus problemas y lo que ha pasado en su vida. Nunca le diría que cambiara. En todo caso, yo sí que haría todo por cambiar para ser mejor para ella.

f. La acepto como es. Quizás le pediría que invirtiera más energía en nuestra pareja.

13. No seamos excesivamente modestos, ¿cuál es tu virtud más atractiva?

a. Mi sociabilidad y cercanía con mi pandilla o grupo de amigos/as.

b. Mi creatividad irresistible.

c. Mi tenacidad y fuerza de voluntad.

d. Es muy fácil, yo mismo soy lo mejor de mí.

e. Mi gran y generoso corazón.

f. Mi capacidad de comprender.

14. Si tu vida amorosa fuera una película, ¿cuál sería el título?

a. *Al otro lado de la cama*. Una historia de dos amigos que se pelean por el amor de la misma mujer.

b. *Las amistades peligrosas*. Una tórrida historia de celos, traiciones y pasiones de dos rombos.

c. *La conquista del Oeste*. Una historia de consecución de amores digna de un vaquero.

d. *La historia más grande jamás contada*. Esa es mi vida y yo su protagonista.

e. *El amor perjudica seriamente la salud*. La historia de un hombre destrozado y echado a perder por los caprichos de su pareja.

f. *Cuando un hombre ama a una mujer*. Una historia de amor construida sobre el conocimiento mutuo paulatino.

15. Después de más de un año de relaciones continuadas con tu pareja, tu ex aparece de nuevo por la ciudad y te llama para quedar de nuevo, ¿cómo reaccionas? ¿A quién eliges?

a. Llamo a mis amigos/as para saber qué debo hacer.

b. Pongo al tanto a mi pareja. Unos cuantos celos no vienen mal para realimentar la vida amorosa y darle «vidilla».

c. Necesito un poco de aventura y riesgo en mi vida. Intento el paralelo con ambos a la vez.

d. Depende. ¿Cuál de los/las dos está mejor?

e. Después de haberlo dado todo por esa pareja, creí que ya no encontraría a nadie así. Ahora llevo mucho invertido en mi nueva pareja y vivo solo para ella y sus necesidades.

f. Me aseguro de que lo sepa mi pareja, pero apuesto por ser sincero y leal con ella. Soy partidario de una relación transparente, seria y comprometida.

16. Si tuvieras que elegir un refrán que describa tus relaciones de pareja, ¿cuál de estos sería?

a. Amor de dos, ampáralo Dios, amor de tres, del diablo es.

b. Amor y celos, hermanos gemelos.

c. El que la sigue, la consigue.

d. Bésame el culo, que arriba me subo. Vuélveme a besar, que empiezo a bajar.

e. Quien bien te quiere te hará llorar.

f. Amor no se alcanza sino con amor.

17. ¿Cuál de estas canciones representa mejor tus relaciones amorosas?

a. «Una de dos» (Luis Eduardo Aute).

b. «Dime que me quieres» (Tequila).

c. «Vivir así es morir de amor» (Camilo Sesto).

d. «¿A quién le importa?» (Alaska y Dinarama).

e. «Como yo te amo» (Raphael).

f. «Será porque te amo» (Ricchi e Poveri)

18. Es vuestro primer aniversario saliendo, ¿qué es lo que le vas a regalar a tu pareja?

a. Un maravilloso álbum de fotos en los que aparecen todos nuestros amigos.

b. Un juego de maquillaje completo/un *kit* para arreglarse la barba.

c. He conseguido unas entradas exclusivas para un concierto que son imposibles de encontrar.

d. Un maravilloso reloj de marca de lujo. Ya puestos, me he comprado uno para mí también.

e. He comprado un montón de cosas después de buscar por todos los lados. Me he gastado toda mi paga extra, pero lo hago encantado por mi pareja...

f. Es difícil transmitir con un regalo que hoy le quiero más que ayer y menos que mañana.

19. **¿Qué tipo de coche prefieres tener para salir con tu pareja?**

a. Un monovolumen grande para que podamos ir todos los amigos juntos de excursión.

b. Una berlina exclusiva tuneada con detalles de los que ahora todos quieren conducir.

c. Un todoterreno alto y con defensas añadidas para poder ir por todos los tipos de terreno agreste.

d. Un deportivo descapotable turbo-inyección con colores impactantes, el mejor coche para ligar.

e. Un utilitario sencillo que no me dé problemas ni sorpresas desagradables.

f. Un automóvil híbrido que respete el medio ambiente y encaje en mis necesidades cotidianas.

20. **Tu pareja te llama un domingo por la tarde porque quiere salir a dar una vuelta contigo, ¿qué plan le propones?**

a. Llamo a la pandilla para ver que hacen ellos/ellas y salir todos juntos.

b. Muevo mis influencias para poder cenar en el restaurante de moda del centro en el que casi no se puede reservar mesa.

c. Le propongo alguna actividad deportiva: irnos a patinar, a correr o al gimnasio.

d. Me disculpo porque ya tenía planificada toda mi jornada haciendo cosas en casa. Quizás podríamos quedar mañana cuando no esté ocupado/a y salir.

e. Dejo a un lado mis planes y doy el domingo por perdido adaptándome a lo que ella quiere hacer, y me aseguro de que pase un magnífico domingo haciendo lo que a ella le gusta.

f. Cualquier plan que hagamos juntos será bueno porque lo esencial es compartirlo juntos.

21. Después de tomar unas cuantas copas en la discoteca, notas que alguien te tira los tejos y flirtea contigo reclamando tu atención, ¿qué es lo que haces?

a. Le digo que no, gracias. Estoy pasando una noche de marcha con mis amigos/as.

b. Hago un guiño a mis amigos/as para que se percaten de lo que pasa. Cuando se dan cuenta, avanzo y entro en conversación bajo su mirada.

c. Lo siento, pero he estado intentando bailar con otra persona toda la noche.

d. ¿Quieres bailar? ¡Será si yo quiero bailar contigo, *baby*…!

e. Por supuesto que bailaría con ella/él: me sentiría fatal si le rompo el corazón a esa persona.

f. Depende de la canción. Quizás bailaría si estoy motivado por el ritmo.

22. Tu pareja te dice que quiere quedar y tú sospechas que es porque quiere cortar contigo, ¿cómo reaccionas a eso?

a. Lo importante es tener el apoyo de mi pandilla. Les pediré consejo.

b. Estoy cabreado/a. Después de todo, he hecho todo porque ella reluzca y brille ante mis amigos/as.

c. No pienso ponérselo fácil. No me rendiré sin pelear. Pienso luchar hasta el final por la relación.

d. Me anticipo a sus movimientos y corto con ella antes de que ella lo haga. ¡A mí nadie me deja!

e. Le pido y suplico que no corte. Juro hacer todo lo necesario para salvar la relación, le recuerdo lo mucho que he hecho por ella y lo mucho que me necesita.

f. Intentaremos arreglarlo, pero si al final no es posible, lo mejor es que cada uno siga su camino.

23. Un/a compañero/a del trabajo lleva mucho tiempo tirándote los trastos para intentar salir contigo. Por fin encaras la situación. ¿Cuál es tu actitud?

a. Le explico que es un/a buen/a amigo/a, y que es mejor que nos mantengamos así.

b. Monto una escenita para decirle que no. Le dejo claro ante todo el mundo y solemnemente que yo no salgo con cualquiera tan fácilmente.

c. Aunque la empresa prohíbe salir con compañeros/as de trabajo, quedo inmediatamente con él/ella.

d. Ni pensarlo. Con todo lo que hay en el mercado, prefiero no rebajarme y salir con alguien de mi categoría y nivel.

e. Me sentiría mal si le rechazo. Saldré con él/ella para no contrariarle/a.

f. Soy firme con él aunque comprensivo. Si se da la opor-
    tunidad, le haré ver que no es bueno andar por ahí pi-
    coteando y pillando cacho con los/las «compis» de la ofi.

**24. Lo tienes ya más que confirmado: cada vez que sales
con tu pareja, ella flirtea con gente de alrededor, ¿cómo manejas esto?**

a. No pasa nada. Lo hace con mis amigos/as cercanos/as.
    Es solo para hacer unas risas…

b. No puedo soportarlo, pero eso me confirma que mi
    elección es la correcta…

c. Pongo fin a eso inmediatamente. En lugar de cabrearme
    con mi pareja, tengo unas palabras con ella y me enfren-
    to a la persona que flirtea con mi pareja.

d. Busco a mi vez ponerla celosa con lo más cachondo que
    pueda encontrar.

e. Es solo flirteo. Mi pareja nunca me haría daño intencio-
    nalmente. Y si es lo que ella quiere hacer, pues entonces,
    está bien, me conformo.

f. Tengo esto bajo observación. Sé dónde tengo que poner
    los límites.

25. El amor de tus sueños siempre tiende a ser…

a. Alguien que ya estaba saliendo con alguna de mis amis-
    tades antes.

b. Una maravillosa creación de mi buen paladar y buen
    gusto.

c. Alguien que, según todo el mundo, es inaccesible o im-
    posible para mí conseguir.

d. Yo mismo/a.

e. Aquel/la que me necesita más en su vida.

f.   No creo en amores ideales. Sé que el amor verdadero se basa en construirlo con el trabajo duro del día a día.

26.   ¿Qué tipo de esfuerzo es más característico en ti para alcanzar salir con una pareja?

a.   No suelo hacer esfuerzos. Espero a enamorarme y dejo al poder del romanticismo que siga su curso.

b.   Pongo todo mi esfuerzo en hacer que mi pareja tenga la mejor apariencia física ante los demás y sea digna de admiración.

c.   Pongo toda mi energía en conseguirla. Cuando la consigo seducir, todo el *subidón* se termina.

d.   No suelo sudar precisamente por una relación. Si no traga con mis exigencias, a otra cosa mariposa...

e.   Pongo todo lo que tengo y todo lo que soy por la relación y por mi pareja «hasta que duela».

f.   Hago lo necesario para que las cosas funcionen. Solo funcionan si mi pareja también pone de su parte.

27.   Para ti, lo más característico del amor es que...

a.   El enamoramiento surge mágica, misteriosa y espontáneamente.

b.   Una pareja es un escaparate que siempre es envidiado por todos los demás.

c.   La conquista de una pareja nunca es fácil y requiere esfuerzo, tesón y obstinación.

d.   La gente que me conoce termina adorándome.

e.   Soy el mejor sirviendo y haciendo todo tipo de favores a mis parejas.

f.   Es una aventura de dos en la que todo depende de que ambos trabajen la relación.

28.   Lo que más temes en tu relación de pareja es...

   a.   Que se extinga la llama del fuego del romanticismo.

   b.   La mirada envidiosa de los demás que siempre están al acecho.

   c.   Que después de conseguirla, siempre la pasión decae.

   d.   Nada. Soy absolutamente independiente de los demás. No temo nada.

   e.   Quedarme en la zona «amigo/a» y ser solamente «un/a buen/a amigo/a»

   f.   No tengo miedo, pero no soy ingenuo. Es necesario cuidar de una relación si se quiere que dure.

29.   ¿De quién tiendes a enamorarte preferiblemente?

   a.   Soy enamoradizo, me suelen gustar las parejas de mis amistades.

   b.   De personas que encajan conmigo y con las que voy a convertirme en la envidia de todos.

   c.   De quienes de mí no se enamoran, aunque ello me suponga siempre ir contracorriente.

   d.   De mí mismo. Si quieren algo, los demás tienen que pasar por el aro y seguir mis exigencias e ir a mi ritmo.

   e.   De aquellos/as que me necesitan y a los/las que puedo ser útil y ayudar.

   f.   De aquellos/as con los que puedo construir una relación recíproca donde ambos ponemos de nuestra parte.

30.   Cuando estás en pareja, ¿cuál suele ser vuestra crisis habitual más frecuente?

   a.   Cuando el enamoramiento romántico se pasa y no siento ya la pasión.

b. Cuando descubro que otros/as se interesan por mi pareja y eso me pone enfermo de celos.

c. Cuando consigo a la pareja más inaccesible, y luego me siento apático/a y desganado/a.

d. Cuando mi pareja no entiende mi carácter genial y único y no reconoce la magnífica oportunidad que es salir con alguien tan especial como yo.

e. Cuando mi pareja se porta egoístamente y me pide más y más aunque yo siento que ya lo he dado todo, y estoy exhausto/a.

f. De todo se puede salir si en ambos hay buena voluntad de superar las crisis.

CLAVE DE CORRECCIÓN

La suma de cada una de las letras A, B, C, D y E denota un patrón característico de entrampamiento amoroso. Las respuestas F marcan un tipo de amor racional que escapa de las trampas habituales del amor romántico.

RESPUESTAS A: ____	Patrón de comportamiento: EL *ROBANOVIAS*
RESPUESTAS B: ____	Patrón de comportamiento: EL CURIOSO IMPERTINENTE
RESPUESTAS C: ____	Patrón de comportamiento: LA MISIÓN IMPOSIBLE
RESPUESTAS D: ____	Patrón de comportamiento: LA COQUETA
RESPUESTAS E: ____	Patrón de comportamiento: EL *PAGAFANTAS*
RESPUESTAS F: ____	Patrón de comportamiento: AMOR RACIONAL (Cerebro racional)

En los capítulos siguientes se describen esos patrones nocivos del entrampamiento amoroso y sus efectos en las relaciones.

9

PRIMERA TRAMPA:
EL *ROBANOVIAS*

Amor trompero, cuantas veo, tantas quiero.

REFRÁN CASTELLANO

«Amar a alguien porque veo que le gusta a otro»

¿Te has parado a pensar con qué frecuencia te gustan siempre y caes enamorado de personas que ya están saliendo o son pareja estable de otras personas?

¿Te ha sorprendido ver cómo una amistad que ha durado años o décadas se rompe cuando la amiga del alma se queda «colada» del novio de su amiga y esa situación ha dinamitado una relación de dos mejores amigas?

¿Te llama la atención la cantidad de novelas y películas que hablan del drama del triángulo amoroso, a saber, de la confluencia de dos personas sobre una tercera, por la que pelean y compiten desesperadamente?

Es señal de que te has topado con uno de los patrones tóxicos que impiden el verdadero amor.

El buscar siempre amar según el deseo del otro es una de las mayores servidumbres de nuestro tiempo. El mecanismo de la trampa de las neuronas espejo consiste en enamorarse de alguien debido al trivial hecho de que es deseado por otra persona que lo deseaba antes y que funciona, sin saberlo nosotros, como modelo.

De forma coloquial llamaremos a esta trampa el patrón o virus del *robanovias* o en su versión femenina la *robamaridos*.

El funcionamiento de este patrón es muy sencillo de comprender aunque no es tan fácil escapar de él.

Nuestro piloto automático psíquico con nuestra «máquina de desear» al frente desencadena el copiado de un modo mecánico ante aquel/aquella que desea un tercero, normalmente un buen amigo, o alguien muy cercano a nosotros con el que compartimos tiempo, intereses y a buen seguro una buena amistad. Con total inconsciencia somos llevados a creer que estamos *enamorados* de la pareja de esa persona, para nuestra desgracia, alguien con quien generalmente ya nos une una fuerte relación anterior que estimamos y que no desearíamos perder.

La trampa tiende a producirse con frecuencia en la relación con amigos o personas cercanas que resultan modelos de identificación para nosotros. Somos llevados a copiar o imitar el deseo por sus parejas, creyéndonos perdidamente enamorados de ellas. Cuanto más cercanos e íntimos los amigos, mayor es la probabilidad de que ocurra este común fenómeno de contagio, que hace estragos en las relaciones de amistad desde los albores de la humanidad y que llega a causar los antagonismos más extremos.

¿Quién no ha escuchado terribles historias acerca de amigos íntimos que devienen acérrimos e irreconciliables enemigos, merced al triángulo amoroso que se establece entre ambos y la pareja de uno de ellos?

No resulta en absoluto extraño si pensamos que los amigos, sobre todo si son muy íntimos, se van asemejando en todo y que es frecuente que compartan muchas cosas en materia de gustos y aficiones.

El proceso de desear se ve sometido a una tremenda fuerza de atracción en el caso de estas relaciones de amistad: el amigo es cada vez más cercano y cada vez más semejante a mí.

Un amigo, hermano o familiar con quien nos unen lazos importantes corre el riesgo de convertirse en un potente atractivo mimético, máxime si se vuelve maestro y profesor de nuestro deseo, es decir, se convierte en el modelo que nos indicará aquello que es deseable desear.

Ya hemos visto el modo en que desde muy pequeños aprendemos a imitar modelos y que suelen ser los otros quienes nos sugieren la lección magistral, esencial para la vida, de lo que merece y no merece la pena desear. ¿Y cómo lo hacen? Deseándolo ellos mismos.

Es evidente y constatable que a los amigos les terminan gustando las mismas cosas: música, libros, películas, actores, ideas filosóficas, religiosas, políticas, etc. El proceso mimético hace que la relación de amistad convierta a dos personas, inicialmente dispares, en dos seres que cada vez se vuelven más semejantes en sus gustos, preferencias y aficiones. Ambos funcionan como modelos mutuos de aquello que es bueno desear.

Los buenos amigos lo comparten todo. Y así es. Sobre todo sus deseos, copiándolos el uno del otro.

Nuestro deseo, cuya naturaleza no es autónoma (como creen románticamente el 99 por ciento de los habitantes de la Tierra), sino mimética, es decir, imitativa, no sabiendo qué elegir o en qué objeto fijarse, termina recayendo en aquello que desean nuestros modelos de referencia, sobre todo nuestros mejores amigos. Entre esos objetos quedan incluidas, por supuesto, sus propias parejas. Y aquí es donde llega el terrible problema, pues ese tipo de objeto de deseo no puede ser compartido sin que se establezca un conflicto formidable.

Muchos suelen sorprenderse al descubrir el extraño deseo amoroso que repentinamente les invade por la pareja de su amigo o amiga del alma. La fuerza de ese deseo es más intensa debido al hecho evidente de que existe de base un rival para su alcance.

Dicho sentimiento basado en la pura copia de un deseo ajeno tiende a representarse sistemáticamente en la literatura, las canciones y las películas de un modo distorsionado y mítico.

Las situaciones triangulares que genera el *robanovias* tienden a recibir un tratamiento romántico como si fueran el producto de la fatalidad, del destino, la maldad o la personalidad del neoenamorado. En las obras literarias abundan los triángulos de amor que se presentan como amores imposibles, o amores prohibidos, lamentando el «destino» que quiso hacer converger a dos enamorados sobre la misma amada. Dramas de todo tipo claman contra el amigo «traidor» que ha «osado» enamorarse de la propia pareja.

Y, sin embargo, el triángulo del deseo mimético que se establece en estos casos no puede ser más trivial o mecánico. Recordemos el equema ya visto en la página 47:

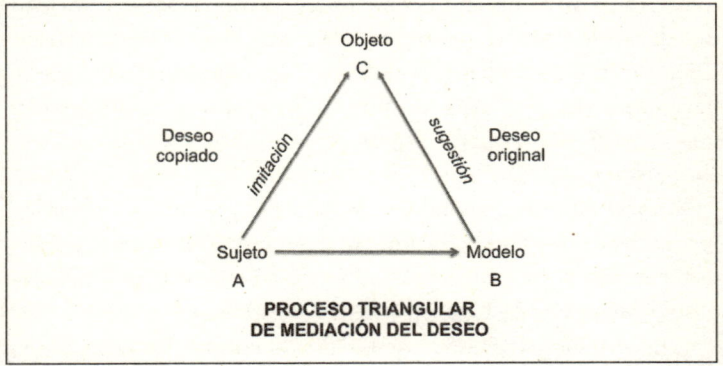

PROCESO TRIANGULAR DE MEDIACIÓN DEL DESEO

No se trata de que A desee arrebatarle la novia a su amigo B debido a una especie de deseo interno, gusto o preferencia. El hecho real es que no puede sino sentirse arrastrado de un modo aparentemente «romántico» por la imitación del deseo de quien es su modelo de imitación. De nuevo se trata del sistema de las neuronas espejo en acción.

Lo que ocurre es que el mimetismo lleva a que el amigo A termine «copiando y pegando» en sí mismo, sin advertirlo siquiera y sin proponérselo conscientemente, el deseo de su amigo B por el objeto C, su pareja.

El romanticismo dominante en nuestra sociedad que postula míticamente la existencia en cada uno de nosotros de un ser original, autónomo e independiente (un YO), que se encontraría como un capitán de barco, al mando de nuestras emociones, sentimientos y deseos, tiende a hacernos creer que esta «atracción fatal» procede de lo más profundo de nuestro ser.

La ilusión mimética de la espontaneidad nos lleva a creer que la erupción de ese deseo, no expresado antes, nace de unas propias preferencias, gustos o motivaciones internos.

Ese mítico y misterioso fondo de nuestro ser es el que se ha enamorado como algo natural, original y espontáneo. Tal pretensión, como hemos visto, resulta ser falsa.

La ilusión también genera la percepción de la anterioridad del deseo («Yo la vi primero», «Me gustaba desde siempre», «Siempre me gustó desde que lo vi....»), pues el mimetismo le hace creer al sujeto afectado por el virus *robanovias/robamaridos* que su pasión es propia y original, y que «él deseaba de antes» a esa persona.

Invirtiendo la causalidad y la flecha del tiempo, el imitador inconsciente cree en la anterioridad de su propio deseo y la reivindica con fuerza. No miente cuando dice que siente que se ha enamorado «hasta las cachas».

Lo más cierto es que su deseo ha sido copiado, clonado, y que lo ha replicado a partir y desde el de otro, que ha sido sin saberlo su modelo de deseo. Su deseo por el objeto amoroso C le ha sido sugerido sin darse cuenta por el deseo que un modelo B siente, en este caso, por su propia pareja.

Esta verdad última suele resultar escasamente romántica en el sentido de que aceptarla es más bien humillante para quien la percibe como algo especial o genuino.

Las neuronas espejo de A le están jugando una mala pasada poniendo en peligro su amistad con B debido a la «simulación incorporada» que el deseo amoroso por C de este está activando internamente de un modo automático e inconsciente.

En efecto, la máquina de copiar deseos, incorporada en nuestras neuronas espejo, ha terminado imitando el deseo del amigo B por su pareja (C).

Lo vemos en el triángulo de David, Joseba y Desirée descrito a continuación:

EL TRIÁNGULO DE DAVID, JOSEBA Y DESIRÉE

David y Joseba son los mejores amigos. Estudian en la universidad la misma carrera. Siempre se les ve juntos por el campus. Ambos viven en la misma localidad del Corredor del Henares. Están en el mismo curso y asisten a las mismas clases. Van y vienen en el mismo coche a la facultad todos los días porque viven en el mismo barrio.

Durante la semana pasan muchas horas haciendo cosas juntos. Salen también los fines de semana. Sienten pasión por los juegos de ordenador y durante los fines de semana organizan liguillas por la noche que duran muchas horas. David y Joseba son inseparables.

Desde el curso pasado, Joseba sale con la chica que trabaja en la biblioteca de la facultad como becaria, Desirée. Eso hace que los tres pasen juntos mucho tiempo.

El caso es que David desde hace una temporada nota como que empieza a gustarle Desirée. Cuando se interroga por este sentimiento de atracción fatal por la novia de su amigo, cree descubrir e incluso recordar que Desirée ya le gustaba desde el primer curso de facultad.

Siente un dilema interior. Por un lado, es muy amigo de Joseba, pero por otro no puede disimular que le gusta la novia de su mejor amigo, Desirée.

No pasa mucho tiempo antes de que David comience a flirtear con Desirée en el bar de la facultad o en cualquier ocasión que se preste, lo cual es evidente para Joseba, que se siente traicionado por su amigo del alma.

Ahora la amistad entre ambos se ha roto.

El triángulo amoroso invisible

A pesar de las protestas que seguramente formulará David respecto a su enamoramiento romántico repentino, la pareja actual de Joseba, es alguien que, de no haber sido su objeto de deseo (su novia), nunca habría llamado ni siquiera la atención de David, ni menos habría incendiado su pasión romántica.

Aunque sea un mecanismo tan trivial, para la mayoría de los afectados los triángulos amorosos en los que están inmersos resultan imposibles de ver.

Amigos y amigas íntimos suelen descubrir un día, entre sorprendidos y horrorizados, que se han «enamorado» de la pareja de su mejor amigo o amiga.

La presencia y la cercanía física y emocional de un amigo suponen un atractor potente del mecanismo mimético, convirtiéndose con mucha probabilidad en un sugerente modelo y mediador de mi deseo.

La ley de la gravedad relacional explica cómo es la proximidad de un amigo la que va a terminar induciendo y generando la copia casi exacta de sus deseos, muy especialmente en materia amorosa. Mientras esos deseos pueden ser compartidos, eso produce afinidad e identificación. Desde el momento en que no es posible compartirlos, nace la rivalidad, la envidia y el antagonismo.

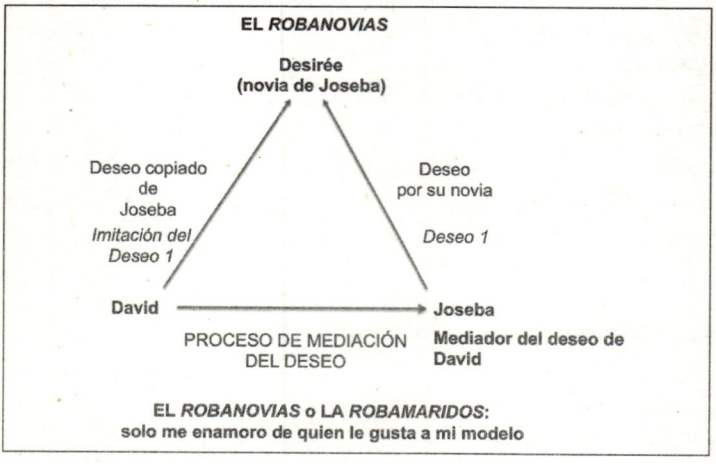

De una extraña manera que muy pocos humanos comprenden, los deseos de un amigo son reflejados por las neuronas espejo del otro amigo, creando una tensión psicológica que no existía previamente en la relación.

Esa tensión le *compulsiona* a terminar reflejando su deseo, deseando lo que desea, deseando a la propia pareja del amigo, con la sincera sensación de que está románticamente enamorado de esa persona.

Esta situación se produce en otras relaciones cercanas, y no solo en una relación de amistad.

Podemos encontrar el patrón *robanovias/robamaridos* en la relación entre hermanos, entre compañeros de trabajo o entre familiares.

Basta con que alguno de estos se convierta para nosotros en un modelo de identificación, para que surja el peligro de terminar deseando la pareja de nuestro modelo, creyendo haber caído enamorados.

Descubrir que a uno le ocurre algo así no suele ser motivo de orgullo, pero aceptarlo y comprenderlo es la base de la sabiduría que puede evitar una catástrofe anunciada.

No es algo que el nuevo enamorado haya expresamente buscado, y por ello la sensación de enamoramiento que experimenta resulta para este muy real. Es una vivencia impuesta, casi compulsiva… una pasión romántica.

Esa copia del deseo del otro se convierte en pasión amorosa, debido a las leyes del mimetismo, pues desde el momento en que su amigo olfatea el enamoramiento, le cierra el paso y entra en una guerra para preservar su objeto amoroso por ella. Esa oposición no hace sino exacerbar el deseo, pues, como hemos visto, la oposición, el obstáculo o la dificultad incrementan la sensación subjetiva de enamoramiento (en realidad, el deseo).

La distorsión de la realidad y la génesis del mito romántico

Todo este proceso, acelerado por un bucle de realimentación perverso, le lleva a confirmar sus expectativas de amor romántico, coloreando el deseo copiado de sentimientos por la persona que cree ser su amor ideal. El que se supone enamorado por estos sentimientos los justifica con las famosas atribuciones o racionalizaciones (afinidad mutua, compatibilidad, almas gemelas, pasión sexual…).

«Ella es la persona que siempre he deseado», «Ya me gustaba desde antes», «A mí me encantó y enamoró desde el primer momento en que la vi», son protestas sinceras pero fruto de la distorsión mimética.

La víctima de la ilusión del *robanovias/robamaridos* queda obnubilada por la apariencia de anterioridad de su deseo sobre el de su modelo y por los sentimientos y racionalizaciones que el mimetismo y las neuronas espejo producen. Sufre el mismo engaño mimético que un niño pequeño, cuando ve que otro niño se dirige hacia un juguete que yace solitario en la otra parte de la sala de juegos, y siente la urgencia de poseerlo y alcanzarlo antes, pretendiendo que «él lo vio primero».

Las neuronas espejo, y el mecanismo mimético que estas despliegan, suelen llevar a que las personas coloreen todo este proceso de sentimientos y racionalizaciones de todo tipo que podemos encontrar en el relato emocional que hace David, nuestro *robanovias/robamaridos,* de su caso:

> Si he de decir la verdad, siento que Desirée es perfecta para mí. Nadie la ve como yo la veo.
> Ella es divina, pero Joseba no le hace ni puto caso.
> Él no la entiende ni la valora como ella se merece.
> Solo está pendiente de él mismo.
> Ella a veces me parece triste y desconsolada.
> Me rompe el corazón ver cómo él pasa de ella.
> Creo que Desirée se merece algo mejor. Alguien como yo, que sepa quererla y valorarla por lo que ella verdaderamente vale.

Si el «capullo» de Joseba no es capaz de saber lo que tiene delante y no la trata mejor, creo que no voy a poder contenerme y «tirarle los tejos».

Sinceramente, creo que ella se merece a alguien mejor. Yo resulto infinitamente mejor para ella que Joseba.

Yo sí que siento hacia ella un verdadero y genuino amor y creo que tengo derecho a intentarlo y ser feliz y hacerla feliz.

Estoy coladito y rendidamente enamorado de este ser tan maravilloso. Mis intenciones son sinceras.

Jamás he sentido un amor más puro y romántico…

Lo que este *buey enamorado* ignora es que sus sinceras consideraciones sobre su amor pasional por la novia de su amigo están distorsionadas y son falsas. La verdad es que se ha convertido en el *títere* del mecanismo mimético trivial que siempre consigue transformar la realidad en una ficción romántica.

Un triángulo amoroso de este tipo queda consolidado como una fuente de conflicto y dolor para todos. Ese dolor puede llegar a ser tan adictivo para muchas personas que nunca llegan a desear a nadie, si no experimentan esa rivalidad que da paso el sentimiento romántico de la pasión amorosa.

La necesidad de dar una explicación racional a lo que uno siente o experimenta emocionalmente es un potente modificador de la percepción de la verdad y de la realidad. La psicología denomina a este proceso *racionalización*.

Usamos las racionalizaciones para ocultarnos la verdad, aparentando una lógica que al final nos saca de la realidad y nos lleva a vivir una ficción. Aplicamos un tipo de pensamiento-plastilina para ajustarlo y encajarlo todo bajo una apariencia de lógica, sentido común y coherencia.

En este proceso la inteligencia general del sujeto (neocórtex) es suplantada. Queda secuestrada y sometida como esclava al servicio del propio mimetismo y de las emociones (pasión amorosa) que este produce como secuelas (sistema límbico).

Es nuestro mecanismo mimético basado en la red neuronal en espejo el que hace nacer todo tipo de ficciones románticas en forma de sentimientos, pasiones, creencias míticas, y de las que informan los diarios personales, las cartas de amor y la mayoría de los guiones de novelas y películas románticas de nuestro tiempo.

Millones de personas en todo el mundo prefieren vivir dentro de estas ficciones románticas en lugar de relacionarse sanamente con la realidad y aceptar que son víctimas del espejismo mimético.

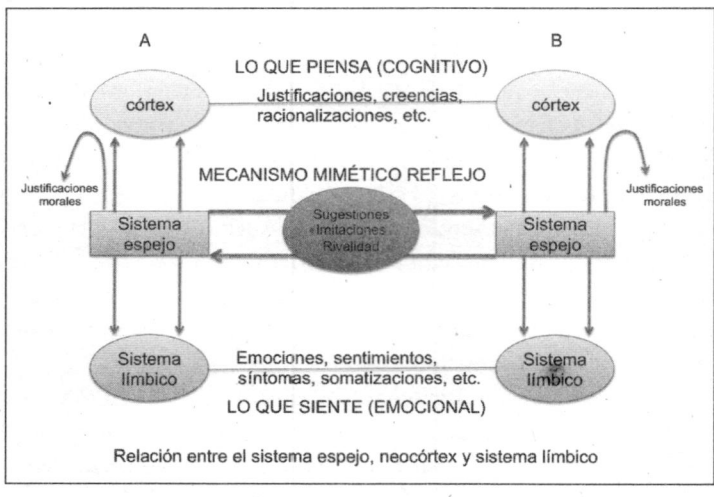

Relación entre el sistema espejo, neocórtex y sistema límbico

La ficción romántica de los triángulos amorosos

Descubrir que te «enamora» la novia de tu amigo, el novio de tu hermana o la pareja de tu profesor, es aterrizar «con los dientes» sobre un territorio que, además de ser muy humillante, puede resultar muy peligroso o incluso fatal.

No hay que olvidar que tras la convergencia del deseo sobre el mismo objeto aguarda el nacimiento de la rivalidad, la hostilidad, el resentimiento y la violencia.

Para asemejarnos a quienes adoptamos como nuestros modelos, nuestras neuronas espejo copian automáticamente sus deseos, sin ni siquiera advertirlo nuestro psiquismo consciente.

La esfera consciente del neocórtex cerebral acude posteriormente a racionalizar todo el proceso, validando y moralizándolo a nuestro favor.

Apropiarnos de lo que desean nuestros amigos, imitándolos en todo, es un camino seguro para terminar aquejado de este virus *robanovias/robamaridos*, uno de los patrones con mayor historial en las estadísticas de la destrucción de la verdadera e íntima amistad. Renunciar a dicha apropiación desde la verdad es la sabiduría.

La verdad acerca del *enamoramiento* de un típico *robanovias* es que este se encuentra tan acostumbrado a imitar los deseos/preferencias/actitudes de los demás como modelos, que no puede evitar terminar también deseando a aquella persona que es deseada por aquel como pareja.

Si te encuentras afectado por la insidiosa trampa mimética del *robanovias/robamaridos*, las parejas de tus amigos te resultarán tremenda e irresistiblemente atractivas, deseables y adorables, tan solo por una única y trivial razón: porque otros las desearon con anterioridad.

Tu sincera sensación de que estás perdidamente enamorado de esa persona nace del sistema límbico o cerebro emocional que sigue el paso y las órdenes de tu sistema espejo, generando sensaciones intensas y feniletilamina a raudales.

Este tipo de enamoramiento proporciona la sensación real de una pasión amorosa original y genuina, que no deja de ser ficticia. Un mero artificio generado por el mecanismo mimético de desear lo que el otro desea.

La verdad camuflada detrás de una apariencia de frescura, novedad y pasión es que se trata de un enamoramiento de segunda mano. Es un coche ya usado que el mimetismo hace aparecer como resplandeciente y nuevo.

Recuerda que tu pasión romántica nace de un reflejo condicionado o automatismo psíquico que tiene origen en tu sistema de neuronas espejo. Dicho reflejo procede de unas neuronas que en el fondo son bastante estúpidas y automáticas, localizadas dentro del área F5 del cerebro, un área que tan solo tiene la capacidad de reflejar deseos, intenciones, motivaciones, y que a la mínima refulge y se dispara sin permiso al contemplar el espectáculo fascinante de alguien deseando a alguien.

Este enamoramiento supuesto nada tiene que ver con las cualidades maravillosas que tu mente cree percibir en la persona deseada, habitualmente engalanada y sobrevalorada por las atribuciones posteriores en forma de características fabulosas y míticas de belleza, bondad, *sex appeal,* etc., que crea subordinadamente tu neocórtex para explicarse lo que sientes.

Dichas atribuciones son generadas muy rápidamente por la parte pensante de tu mente, que se encarga de adobarte con racionalizaciones ese enamoramiento que experimentas, buscando entenderlo, justificarlo y convertirlo en aceptable mediante la razón.

La historia que crea la mente racional respecto a que mi amigo no es la persona adecuada para ella, mientras que yo sí lo soy no es más que otro artefacto. Esa *justificación moralizante* nace del sistema espejo reflejándose y rebotando sobre tu córtex racional, generando excusas y justificaciones para eludir la vergüenza, la culpa y el resentimiento contra ti mismo por lo que sientes por la novia de tu mejor amigo.

Todo contribuye al olvido de la verdad última del mimetismo: la noción romántica exige relegar al fondo de la memoria el modo en que has caído en el deseo de lo que tu amigo desea, y te has convertido en un *ser de segunda mano*, en una copia del deseo de tu modelo y mediador.

El masoquista empeño en alcanzar nuestro mal y destruir nuestras relaciones con amigos íntimos nace de un antiguo condicionamiento presente en la especie humana que también nos ha procurado muy buenas cosas. Ese condicionamiento que, desde pequeños, nos ha llevado a haber aprendido de los demás que lo que es deseable desear no es negativo *per se*. Pasamos de desear lo que desean nuestros padres, profesores y maestros a desear lo que desean nuestros amigos, especialmente los más íntimos. Ello es esperable, natural y sano, a condición de no confundir la realidad y la ficción y de no entrar en rivalidad y en guerra con el otro.

La comprensible atracción (copia del deseo) por la novia de mi mejor amigo, por el novio de mi hermana o por la pareja de alguien que resulta de algún modo *modélico*, no tendría por qué pasar a mayores, si cada uno viviera en la consciencia y en verdad y aplicara su inteligencia general al proceso.

El gobierno o control de la mente consciente y el ejercicio de su brazo armado, la voluntad, permite a la persona afectada por el *tirón mimético* del *robanovias* combatir esa sensación o impulso urgente de desear a aquella otra persona que desea su amigo, desde la comprensión de lo que es bueno para ella y para su amigo, y salir de la ilusión de creer que está románticamente enamorado de ella.

El modo ideal de librarse de este tipo de riesgo es siempre no llegar a incurrir en él. No llegar a desear la mujer del prójimo es un mandamiento de la ley divina, pero es además el único modo de evitar devastadoras consecuencias para todos.

Comprender que lo que nos jugamos es mucho resulta imprescindible: la rivalidad, el resentimiento, el escalamiento del antagonismo y la violencia, son los efectos irreparables de esa transgresión en la concordia y la convivencia.

Se trata por tanto de elegir desde la voluntad (una función neocortical prefrontal) salir del círculo del mimetismo mediante el control racional de la situación, comprendiendo, entendiendo y razonando cómo opera el mecanismo mimético y reconociendo a tiempo de males mayores quién es mi verdadero mediador y modelo del deseo.

Tomar conciencia y distancia del mecanismo mimético significa verse preservado de sus nocivos efectos y es el único modo de no verse envuelto en las sutiles redes de la pasión y de todas las demás emociones tóxicas que suscita el triángulo amoroso.

Requiere contrarrestar desde la verdad las justificaciones y racionalizaciones que me llevan a vivir en la mentira y me conducen a la rivalidad, el antagonismo y la violencia.

Se trata de salir del círculo de una representación de la realidad que es falsa por ilusoria, tal y como se ilustra en el siguiente esquema:

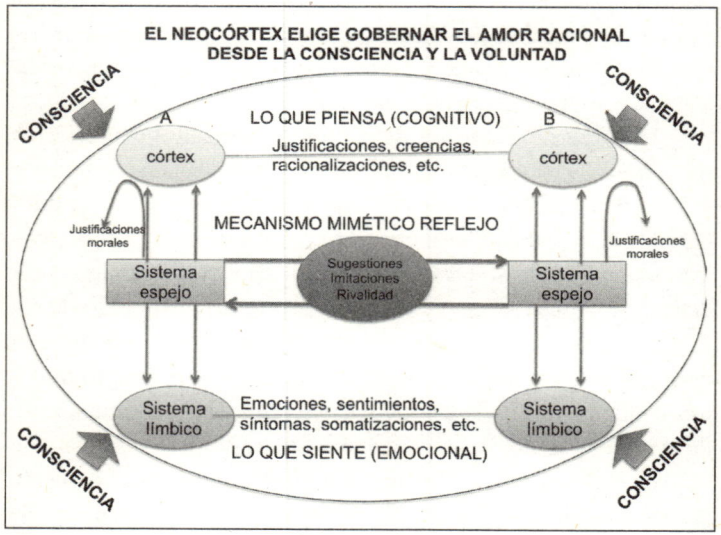

La consciencia me hace caer en la cuenta del modo en que mi modelo de identificación (mi amigo), ha permanecido oculto para mí en toda la secuencia del patrón *robanovias* y me ha llevado a imitar su deseo por su pareja, deseándola yo a mi vez.

Esa consciencia requiere salir del sistema de representación anclado en el mimetismo y en las neuronas espejo y ver «desde fuera» todo el proceso que me afecta.

Caer en la cuenta de que mi amigo ha sido el modelo oculto de mi deseo por su novia es reconocer la verdad técnica de cómo opera el mimetismo en mí, y poder volver a aterrizar en la realidad, despertando del sueño de la ficción en la que el mimetismo se tiende a instalar y consolidar.

Esta realidad puede resultar dura inicialmente, pero a largo plazo es lo único sano y curativo.

«UNA DE DOS»
LUIS EDUARDO AUTE

No sabes el dilema que me crea
pasar de todo y no decir ni mu,
por eso estoy aquí, maldita sea,
plantando cara como harías tú.

Lo que sucede es que me he enamorado,
como el perfecto estúpido que soy,
de la mujer que tienes a tu lado…
encájame el directo que te doy.

Una de dos,
o me llevo a esa mujer
o entre los tres nos organizamos,
si puede ser.

(…).

Que esa mujer me quiera no es tan raro
si piensas que a ti te quiere también,
lo más terrible es que lo ve muy claro,
pretende no perderse ningún tren.

(…).

Escapar a la ley del otro

Si estás bajo la trampa del *robanovias* es debido a que estás tan acostumbrado a aprender de tus amigos tomados como modelos lo que es digno y bueno desear, que al final no eres capaz de desear de forma autónoma, sino por el reflejo de otras personas.

Esta tendencia explica que puedas estar bajo un efecto mimético que consiste en que te parezcan irresistiblemente atractivas las parejas de tus amigos más cercanos, no porque sientas en verdad amor por ellas sino porque ellos las han deseado primero y simplemente estás copiando esos deseos.

Quedarse anclado o fijado en esta trampa supone perseguir constantemente un amor romántico que siempre resulta ser, por diferentes razones, aquella persona que nuestros modelos desean.

Esta compulsión es dolorosa y quienes están aquejados por ella suelen sentir una enorme pasión por los objetos amorosos más variopintos. Una pasión cuya intensidad aumenta en la medida en que hay siempre otras personas compitiendo por ellos porque los desearon antes.

Nuestra cultura está de modo constante designándonos como parejas deseables a personas cuyas características a buen seguro no son positivas para nosotros y, sin embargo, el proceso de desear desde la adopción de otros como modelos enajena nuestra voluntad de poder elegir lo bueno, lo verdadero y lo bello para nosotros.

Es pura enajenación amorosa vivir el amor desde una pasión romántica que es puro sufrimiento pasional inducido por el carácter inherentemente *rivalitario* y conflictivo de los triángulos.

Algunas personas terminan confundiendo esta locura pasional con el verdadero amor, encontrándose así de forma permanente inhabilitados y encadenados románticamente a un proceso de copia del deseo de modelos y a la repetición del sufrimiento que ese tipo de enamoramiento les procura.

10

SEGUNDA TRAMPA:
EL CURIOSO IMPERTINENTE
O ETERNO MARIDO

Dijo el sabio Salomón,
son celos los que al hombre matan,
celos que al hombre arrebatan
suspiros del corazón.
Sin celos no puede haber
amor firme y verdadero,
al hombre que tú más quieras,
pídele celos, mujer.

CANCIÓN POPULAR VASCA

Hay cuatro cosas que revelan al mundo lo que es un hombre:
su coche, su casa, su mujer y sus zapatos.

DANNY DE VITO, *La guerra de los Rose*

Acabamos por desear que el ser amado sea infiel, para que podamos
perseguirlo de nuevo, y experimentar «el amor en sí».

DENIS DE ROUGEMONT

«Amar a alguien para que me envidien»

¿Eres de esas personas que una y otra vez se estrellan en relaciones en las que eres engañado, defraudado en tu confianza y *corneado* por parejas que te son infieles?

¿Te has sorprendido fantaseando cómo sería si a tu pareja le gustara otra persona diferente a ti, y encontrado que eso te produce un intenso placer extraño o *morboso*?

¿Te preocupas constantemente por la fidelidad de tu pareja o sientes celos de cada uno de los que la miran con mayor o menor atención?

¿Te ocurre colocar a tu pareja en situaciones de «prueba», intentando verificar una y otra vez su fidelidad a ti?

¿Te gusta escuchar a los demás hacer comentarios elogiosos acerca de tu pareja y lo poco que te la mereces?

¿Necesitas pensar que hay otras personas a las que supuestamente les gusta tu pareja, para sentir algo por ella?

Si responderes afirmativamente a estas preguntas es señal de que has caído en el patrón tóxico del eterno marido o curioso impertinente.

El tema original de este patrón es abundantísimo en la literatura universal. Se trata del Otelo de Shakespeare, del eterno marido de Dostoievski o el curioso impertinente de Cervantes.

En todas estas historias el tema común es un tipo de narcisismo sexual y amoroso que termina precipitando la ruina personal y psicológica del orgulloso amante.

El orgullo de base del narcisismo provoca las derrotas más humillantes. Lo que resulta paradójico de este tipo de amor loco es que la persona que lo padece trabaja sin tregua en su propio mal. Busca activamente su propia derrota.

Para comprender este tipo de patrón de amor loco, debemos recordar las leyes de funcionamiento del deseo mimético. El carácter conflictivo de la mímesis hace que, con mucha frecuencia, la persona que deseamos nos guste tanto como nos aparezca elevado al número de pretendientes o contrincantes a los que tenemos que disputársela. Aunque ello signifique un gran sufrimiento emocional, es al mismo tiempo fuente de una inmensa gratificación por la victoria que asegura sobre otros contrincantes. La misma existencia de competidores termina siendo necesaria e imprescindible para mantener el valor del objeto de deseo.

Conocemos ya el funcionamiento del deseo mimético y cómo este hace que, suprimidos los adversarios, los rivales, los contendientes, es decir, los obstáculos, el objeto de deseo deja de tener valor.

La prueba del amor del otro y lo que encubre

El curioso impertinente o el eterno marido, carente de deseos y con una autoestima inexistente, al sentir debilitarse su deseo o percibir que su deseo por su pareja se encuentra en peligro de decaer, aplica las reglas del mimetismo de modo inverso. Para estar seguro de que no deja de desearla, la va a exponer a un medio peligroso, lleno de potenciales adversarios y ante pruebas de fidelidad o amor cada vez más extravagantes.

Este patrón, aparentemente delirante, encubre una lógica mimética aplastante en la que la persona se ve enmarañada y atrapada en un mecanismo que le lleva a terminar por desear literalmente «que el ser amado le sea infiel», para así poder perseguirlo de nuevo y poder experimentar, en terminología de Denis de Rougemont, el amor «en sí».

Ese amor, superadas las pruebas a las que se le somete por el *curioso impertinente,* será entonces puro y auténtico en la medida que ha sobrevivido a las pruebas de amor a las que se le someten.

La paradoja de este patrón cuando lo analizamos es observar cómo la persona sometida a esta locura se empeña una y otra vez en repetir un proceso que va a destruir su relación de pareja.

Esa es la lección de la historia de *El curioso impertinente* que narra Cervantes en *El Quijote.*

EL CURIOSO IMPERTINENTE DE CERVANTES

Se trata de una novela corta incluida en *El Quijote.* Una historia de locura mimética amorosa dentro de otra historia de locura mimética como es la de don Quijote.

Anselmo acaba de casarse con la hermosa y joven Camila. La boda se ha efectuado a iniciativa de Lotario, que es el mejor amigo del feliz esposo.

→

Algún tiempo después de la boda, Anselmo le pide a Lotario un curioso encargo. Le suplica que le «tire los tejos» y que seduzca a su mujer, para poner a prueba su fidelidad a él. Lotario se niega, indignado, pero Anselmo vuelve a la carga y presiona a su amigo de mil maneras, contándole el carácter obsesivo de su deseo. Lotario se resiste y le da largas durante un tiempo, pero al final finge aceptar para calmar a Anselmo.

Este prepara unos encuentros a solas entre los dos jóvenes. Se va de viaje y vuelve repentinamente, pero le reprocha a Lotario que no se tome su encargo en serio, pues él quiere comprobar la fidelidad de su esposa.

La insistencia en su petición delirante hace que, finalmente, Lotario acceda y se termine enamorando de Camila y esta de él. Lo que consigue Anselmo con su petición estrambótica es echar a Lotario y Camila en brazos uno del otro. Al saber que ha sido engañado al mismo tiempo por su mujer y por su mejor amigo, Anselmo se suicida.

La falta de autoestima del narcisista y su necesidad de concitar el deseo

Todos y cada uno de nosotros solemos recibir ciertas dosis del deseo de los demás desde la infancia. Ser el rey de la casa y tener el aprecio incondicional de padres y familiares de nuestro entorno nos ayuda a creer que hay algo en nosotros digno de ser amado, protegido y valorado. Por alguna extraña razón, esto le falta a todo «eterno marido» o «curioso impertinente». En la infancia del que se va a convertir en un eterno cornudo algo falló.

Quién no ha tenido una abuelita, para la que éramos su «tesorito», su «niño precioso que está para comérselo», su «más bonito que un San Luis».

Sin embargo, para los curiosos impertinentes, esto faltó o al menos eso sienten ellos. Por alguna razón, se perdieron estos cariños y mimos. De aquellos barros derivan estos lodos amorosos.

Algo falló y no pudieron recibir su dosis de «eres mi príncipe», «eres mi princesa».

Quizás el niño no tuvo tiempo de ser pequeño y objeto de atenciones y cuidados y, al tenerse que hacer mayor muy rápidamente, quedó anclado en una necesidad obsesiva de recibir adulación y cumplidos, más propia de un infante que de un adulto.

Lo cierto es que debido a ello, el curioso impertinente se comporta de una extraña manera. No habiendo aprendido a desearse y aceptarse a causa de esos déficits tempranos en su desarrollo en el cuidado y afecto incondicional parental, no ha podido construir una imagen positiva de sí mismo.

No cree que sea merecedor de buenas cosas. En lo profundo sospecha que es un fraude para los demás... No sabe quién es, ni puede quererse a sí mismo... No conoce qué es lo que puede transformarle en deseable a ojos de los demás.

Ante ese déficit y esa ignorancia aplica el funcionamiento del mimetismo.

Como todos los demás narcisistas, intenta desearse (quererse a sí mismo) a partir del deseo de los demás. Puesto que no encuentra nada en su interior que le pueda granjear los méritos suficientes para ser deseado (querido) por el resto, va a intentar convertirse en alguien deseado por las personas de su entorno a partir de su pareja amorosa. Se trata de un deseo de ser deseado de los demás.

Lo intentará alcanzar mediante la ostentación de objetos físicos (lujosos, valiosos, únicos) que desencadenen envidia o mediante la exhibición de una relación con alguien que funcione como la cola de un pavo real, es decir como un objeto con el que adornarse.

En su fuero interno no cree en su propio valor de *amabilidad (cualidades o rasgos que le hacen digno de ser amado)*. Puesto que duda de que merezca el amor de nadie y no tiene fe en sí mismo ni en sus cualidades, se va a aplicar a compensar esos sentimientos de malestar e inadecuación mediante varias estrategias:

1. Trabaja incansablemente para que nadie se dé cuenta de su inadecuación interior creando una fachada externa aparentemente ideal o perfecta. Nadie imaginará que tras esa fachada perfecta se oculta un débil yo, carente de autoestima (un niño pequeño demandante de afecto). Es la fachada o escaparate narcisista basado en la necesidad de compensación.

2. Se esfuerza denodadamente para que todos conozcan lo listo, brillante e ingenioso que es. Para ello desplegará su cola de pavo real, compuesta de habilidades, competencias y destrezas extraordinarias, destinadas a *fascinar* a los demás y convencerles de su propia valía. Es el comportamiento arrogante, prepotente y vanidoso del narcisismo.

3. Necesita comprobar constantemente la adhesión, el amor y el afecto de los demás. Por ello nunca se fiará de nadie y necesitará continuas pruebas de fidelidad y adhesión, sospechando a cada instante la envidia de todos, sobre todo la eventual traición o infidelidad de su propia pareja. Es el patrón de curioso impertinente o eterno marido que condena a todo narcisista a sufrir la catástrofe relacional que describimos a continuación.

El curioso impertinente adopta entonces la actitud del Caballero de Gracia, quien recorre el mundo en busca de admiradores sobre los que proyectar su infinita sed de aprecio y reconocimiento. Mira de reojo para ver si los demás le admiran o envidian de manera efectiva.

Aunque su actitud puede mover a risa por resultar manifiestamente ridícula, para estas personas no hay ninguna ocasión de fascinar a los otros que se deba desaprovechar.

Su compulsión es la de desear a toda costa el deseo de los otros. Ser deseado por ellos es esencial cueste lo que cueste.

Para conseguirlo, el mejor camino es fascinar, embelesar, encantar y hasta enamorar a los demás mediante todo tipo de estrategias y técnicas más o menos sofisticadas que pretenden *ponerles los dientes largos.*

La actitud más frecuente consiste en *propagandear* ellos mismos y exhibir su propia mercancía del modo que un chef de alta cocina presume de sus platos o un cantante de sus ejecuciones vocales ante su público. Pavonearse y darse a los demás a modo de apetitoso y suculento manjar que pueden (si lo desean) comerse es su metaprograma mental que siguen patéticamente.

El vanidoso que es siempre el curioso impertinente se asigna a sí mismo la tarea de brillar y el deber de convertirse en el centro y ombligo de deseo y la envidia de todo el universo. El mundo se transforma para él en un teatro en el que el objetivo es concitar el aplauso, la adulación y, a través de esto, la envidia universal.

Ser envidiado suele suponer un peligro real ingente por la rivalidad asociada a la envidia, y a pesar de ello, los curiosos impertinentes creen que la envidia de los demás es la prueba de que ellos han adquirido el estatus de «persona envidiable», una señal inequívoca de haber alcanzado la divinidad que persiguen, siendo *adorados-envidiados* por los demás.

La mirada envidiosa de los otros, fascinados por el nuevo dios, es la señal inconfundible de que la prueba de «convertirse en un dios para los demás» ha sido por fin superada por el *curioso impertinente.*

La pareja como objeto para ser envidiado por los demás

Los curiosos impertinentes necesitan cautivar a los demás en una red de admiración porque carecen interiormente de la confianza en sí mismos, y precisan importar la autoestima bombeándola desde el exterior.

La prueba de que son dignos de estima procederá así siempre del entorno exterior, nunca de su interior, en el que no encuentran sino un terrible vacío. Esta extraña vacuidad no puede dejar de proyectarse en todas sus relaciones humanas, pero especialmente en las amorosas.

Sus relaciones deben concitar la envidia de otros como forma de recibir la validación como seres humanos. Para eso tienden a seleccionar parejas para alcanzar el estatus divino de dios-admirado-envidiado-adorado.

De ahí que prefieran parejas que no juegan nunca en la misma liga que ellos. La persona elegida es habitualmente alguien espectacular o despampanante frente a quien se siente a una enorme distancia estética o psicológica.

Su estupendísima pareja será (del mismo modo que su coche o sus lujosas pertenencias) de una categoría tan superior que será la que muestre y demuestre al mundo entero que este ser humano es *amable* (digno de amor) precisamente debido a su relación con aquella.

Los típicos comentarios de un entorno entre admirado y envidioso del tipo «No te la mereces, cabrón» le suenan a música celestial.

Con frecuencia esas parejas suelen ser fabulosos ejemplares o *pibones* físicamente despampanantes para los que diseñan una política de notoriedad y apariciones públicas constantes con el fin de que se suscite a su alrededor un coro creciente de admiradores-envidiadores.

Cuanto más escandalosamente es envidiado el «eterno marido» por ese entorno gracias a su relación amorosa, tanto más sirve a sus fines últimos de permitirle alcanzar y consolidar su sentimiento de *amabilidad*.

Con esa agenda encubierta, los curiosos impertinentes trabajan denodadamente en mostrar y dar a conocer a sus parejas a todo su entorno. Pretenden inducir a toda costa la envidia en ellos. Se trata pura y llanamente de poner los «dientes largos» a todo el mundo. Una venganza tardía del pobre niño que no fue amado incondicionalmente sobre su entorno de adulto. Ahora todos me reconocerán gracias a esta pareja increíble que me acabo de ligar.

Su pareja es exhibida a la indiscreta mirada de todos sus amigos, para que la admiren y la contemplen fascinados y babeantes, proyectando en pantalla de neón gigante con letras fluorescentes lo geniales, listos, *sexys*, etc. que son por disfrutar de semejantes *pibones*.

El espectáculo está servido.

Que ningún lector piense que esto solo lo hacen los machos *alfa* con sus «hembras-bandera». Muchas mujeres hacen exactamente lo mismo exhibiendo a sus fascinantes parejas masculinas.

El autosabotaje del curioso impertinente y la inevitabilidad de su catástrofe amorosa

Y, sin embargo, ¡ay...! la catástrofe avanza sin que el curioso impertinente la vea venir.

Presumir de pareja ante los amigos, especialmente los más cercanos, resulta siempre una actividad de alto riesgo, tal y como nos han enseñado las más grandes obras de la literatura universal.

Eso es precisamente lo que precipitan estos «eternos maridos».

Pisan el acelerador sin saberlo hacia su propia ruina sentimental y amorosa y al mismo tiempo hacia la ruptura de las relaciones con su entorno de amistades. Nada le gusta más al curioso impertinente que escuchar a sus *fascinados* amigos expresar comentarios elogiosos hacia su pareja y llenos de envidia hacia él como los siguientes:

- «Tu novio está como un tren».
- «Yo que tú tendría mucho ojo con ese *pibón*».
- «Esta vez te has pasado, no es una pareja de tu estilo».
- «No es alguien para ti».
- «No te lo mereces».
- «Qué morro tienes»...

La mayoría de esos comentarios destilan desde la sutil envidia hasta el más indisimulado resentimiento de fascinados «colegas» que alimentan así la débil autoestima del curioso impertinente.

Será muy difícil verle poner una mala cara al escucharlos. Todo lo contrario. Se encuentra complacido y radiante. Está encantado.

El guión oculto escrito pasa por intentar despertar en sus amigos y su entorno un deseo por su pareja, sin que al mismo tiempo se les permita avanzar sobre esta. Se trata de crear una especie de cortocircuito mental entre los más cercanos.

Se siente exultante de gozo ante el triunfo de verles sometidos al yugo de la envidia, que certifica la derrota total en la competición en la que él les ha introducido.

La génesis de la paranoia, los celos y la desconfianza

Sin embargo, la semilla de la desconfianza pronto hace mella en la quebradiza autoestima de todo curioso impertinente, generando una percepción *paranoide* de la misma realidad que ha provocado:

- «¿Es posible que la deseen demasiado?».
- «¿Y si ella termina gustándole demasiado a alguno de ellos?».
- «¿Y si ella acaba correspondiendo a alguno de estos admiradores?».
- «¿De hecho, acaso no flirtea demasiado con alguno de estos babosos?».
- «¿Acaso no le he visto ponerle *ojitos* a fulano?».

Su inseguridad básica siembra en él inquietantes cuestiones de fondo: «¿Cómo es posible que esa persona tan maravillosa me quiera?», «¿Pero qué hace alguien así saliendo con alguien como yo?».

Al necesitar la aprobación de los demás de un modo compulsivo, y en especial la de sus amigos cercanos ante los que exhibe *desorejadamente* a su pareja, lo que hace el curioso impertinente es estimular directamente en ellos sus deseos por ella, generando así un doble vínculo fatal, en forma de: «Quiero que me envidies, pero no quiero que me imites».

Necesitará imperiosamente que sus allegados reconozcan y admiren a su pareja, es decir que la deseen *ma non troppo*, es decir, hasta cierto punto nada más. Lo que pretende es ser deseado por ellos «por razón de su pareja». Pero al desear ser deseado, lo que está induciendo es a que los demás, envidiándolo, imiten su deseo por su amada, amándola a su vez. El famoso triángulo mimético amoroso.

Aunque no desearía ser suplantado o sustituido por ninguno de ellos y teme que alguno de ellos termine *robándole* a su chica, su actitud no hace sino incrementar la probabilidad de que esto llegue a ocurrir fatalmente.

La catástrofe es secretamente inducida por el mimetismo.

En el fondo, los eternos maridos no son más que unos «narcisistas» que no creen en sí mismos. Sienten que son inadecuados, despreciables y que carecen de valor alguno. Les falta la más mínima autoestima e intentan cobrársela a costa de una pareja *cañón* a la que todos deseen. Su oculto complejo de inferioridad les lleva a ver siempre en su pareja alguien maravilloso y por encima de sus propias posibilidades que les va a permitir por fin salir de la indigencia de una precaria autoestima.

Esta pobre visión de sí mismos les condena al fracaso, convirtiendo todas sus relaciones de pareja en estructuralmente inestables.

Al apoyar su yoidad en el otro (su pareja), cualquier amenaza real o ficticia a su relación es vivida como una amenaza de disolución del YO. El otro es convertido en objeto a modo de bastón en el que se apoya una falsa autoestima.

Su empeño en recibir la admiración externa de modo continuado les proporciona la seguridad de que todo va bien. Un buen suministro diario de reconocimiento externo les tranquiliza y les ofrece la prueba de que son «merecedores» y dignos de ser amados. Tal es la fragilidad psíquica interior de estas personas.

No es extraño entonces que la mínima ambigüedad sea susceptible de desestabilizarles y producir inesperados e imponentes oleajes emocionales en sus relaciones. Ataques de celos, rabia, paranoia son convidados habituales.

La duda es capaz de nacer en un instante y durar años.

Un gesto extraño, un comentario ambiguo, una leve demora en contestar a una llamada o al WhatsApp o una mirada malinterpretada, y ya se ven arrojados a una montaña rusa de reacciones emocionales exageradas e irracionales.

Por eso, estas personas pueden pasar de sentir un «amor eterno» por su pareja a ser corroídos por la duda acerca de su fidelidad instantáneamente. Sus torcidas interpretaciones y sus autoalimentadas y exageradas sospechas se convierten en celos.

Son celos que ellos mismos se han encargado de generar y que les conducen ineludiblemente al desastre final afectivo y sentimental.

El eterno marido de la literatura, al igual que el de la realidad de todos los días, trabaja tan activa como inconscientemente en pos de la destrucción de su relación. Ningún terapeuta de pareja puede dudarlo.

Por un lado, fomenta el deseo mimético de los demás sobre él y la envidia sobre su relación de pareja. Monta el espectáculo obsceno en el que ofrece a la vista del mundo entero indecorosamente su deseo por su pareja, haciendo todo lo posible y lo imposible para que este deseo sea visto, copiado e imitado, es decir, envidiado.

Es muy probable que de ese modo genere triángulos miméticos de deseo por doquier. De ahí su lógica paranoide.

Siente sin lugar a dudas el miedo asociado de que la fascinación y la envidia se terminen convirtiendo en imitación y que alguno de los fascinados y admirados espectadores de su circo relacional traspase la barrera del público y salte a la pista a jugar él también al mismo juego.

Y es que ese comportamiento aparentemente masoquista del eterno marido, al alentar de forma pertinaz y obstinada el deseo de otros por su pareja, incrementa la probabilidad de que alguno de los envidiosos le imite, lanzándose a la conquista de su pareja.

Lanzando piedras sobre su propio tejado, arrojando una y otra vez ante su pareja nuevos y potenciales amantes fascinados, es solo cuestión de tiempo que alguno de ellos consiga arrebatársela.

La profecía paranoide del engaño y la traición termina autocumpliéndose

Con el tiempo, el eterno marido verá confirmadas sus propias sospechas acerca del carácter inestable del vínculo con su amada, al ser engañado primero y abandonado después por ella, tal y como ocurre en la novela cervantina alojada dentro del texto del Quijote, cuyo título es *El curioso impertinente* y que describimos anteriormente.

Es un *impenitente imprudente* (o curioso impertinente) al que el riesgo en el que pretende jugar acaba por transformase en un *siniestro total*, ganándose a pulso el convertirse en un *cornudo*.

Si no comprende el funcionamiento mimético del deseo, repetirá una y otra vez a lo largo de su vida los errores que le llevan fatalmente a los mismos resultados. Profecías que siempre se autocumplen que serán después racionalizadas por el neocórtex en forma de *su recurrente mala suerte, el carácter traidor de las amistades, la maldad de la especie humana,* o *la ductilidad de las mujeres....*

Y es que, sin duda, su actitud con su pareja y con su entorno informa a todo el mundo del carácter débil y frágil de su psicología y de la inestabilidad básica de ese vínculo.

Es como si el curioso impertinente llevara escrito en su frente algo así: «Soy un perdedor nato. Necesito que me apoyes con tu admiración y tu envidia porque de lo contrario no seré capaz de salir adelante. A pesar de todo, lo cierto es que muy pronto te darás cuenta de que en el fondo soy un capullo y no merezco nada bueno en la vida, menos aún la pareja que ahora tengo. A decir verdad, temo que tú o bien otros me la arrebaten».

Este pensamiento, por muy recóndito y escondido que se encuentre en la mente del curioso impertinente, se termina manifestando en el exterior y hace estragos en sus relaciones con los demás y pasa a ser muy pronto una profecía que se verá autocumplida.

La psicología advierte contra el peligro del llamado *efecto Pigmalión* o *profecía autocumplida* que consiste en crear con nuestra actitud una respuesta simétrica en los demás.

El fenómeno archicomprobado una y otra vez experimentalmente de que los demás leen de forma inexorable nuestra actitud mental interna hacia nosotros y hacia ellos, y tienden a copiarla con su propia actitud y conducta que resulta simétrica. Las neuronas espejo del otro «adivinan» esa actitud y la replican.

Así es cómo los demás se hacen una imagen muy aproximada de la poca valía de este «eterno marido» y, a través de su interacción con él, le confirman tarde o temprano todo lo que tan despreciativamente opina de sí mismo.

Muy pronto, los ataques de celos, las *paranoias*, las recurrentes exigencias y las pruebas de fidelidad, así como los intentos de poseer y restringir los movimientos de su pareja, hacen el resto, induciendo a esta a intentar eludir el cerco mental o físico en que le encierra el celoso.

También esta profecía se autocumplirá y se materializará en la famosa infidelidad que termina adornando la cabeza del celoso marido, convirtiéndole al mismo tiempo en el celoso cornudo.

El curioso impertinente, a falta de una comprensión cabal de lo que le ocurrió, se transformará en alguien que repetirá de forma recurrente el mismo patrón de comportamiento en cada una de sus relaciones amorosas.

Con el tiempo y la insistencia en cometer los viejos errores, en lugar de hacerle escarmentar, aprender y madurar, le hará abonarse al viejo adagio de que «todas las mujeres son infieles o de que todos los hombres son unos cerdos» y maldecirá su recurrente mala suerte en materia de amores, acusando al destino y clamando desconsoladamente al cielo y preguntándose como la popular copla que cantaba Imperio Argentina, «El día que nací yo, ¿qué planeta reinaría?».

Los juegos psicológicos: cómo hacerse trampa a uno mismo

Desde la experiencia clínica, siempre resulta especialmente triste observar el modo compulsivo con que los curiosos impertinentes trabajan en su propia perdición, y en la de su relación de pareja.

Con frecuencia, al contemplar este tipo de amor loco, este suele ser calificado por los psicólogos sin más como un patrón masoquista, es decir como un deseo inconsciente de castigarse a sí mismo. Sin embargo, el sujeto que se empeña en poner de manera sistemática a prueba y al límite su relación de pareja no es un masoquista en sentido estricto. Simplemente es víctima de sus neuronas espejo. Se deja llevar por un mecanismo mimético que le terminará destruyendo, al mismo tiempo que sus relaciones de pareja y amistad.

Ante la debilidad de su deseo por su pareja, procedente de su falta de autoestima y autodesvalorización, el curioso impertinente intenta hacerse trampas a sí mismo: recurre a una estrategia mimética paradójica y mata dos pájaros de un tiro, creándose una de las grandes paradojas de las relaciones amorosas y uno de los casos más habituales de amores locos:

1. Necesita usar el deseo de los demás por su pareja (real o ficticio) como forma de reforzar su deseo por esta. Cuanto más envidiado es, más crece su deseo por su pareja puesto que el mercado mimético funciona

también a la inversa; el precio del *pibón* con el que sale es tanto más elevado como el número de personas que lo desean, es decir, envidian.

2. Pasa del «necesito que me envidien para valorarme», al satánico «necesito que otros deseen a mi pareja para desearla yo mismo». El deseo de los demás le confirma al siempre inseguro curioso impertinente que esa es la pareja que merece de verdad la pena. De ese modo, su propia pasión por su pareja necesita ser mantenida mediante un combustible mimético: el deseo fascinado de los demás. Necesita siempre de más y mejores competidores para que crezca el valor del objeto (su pareja), y por lo tanto, el propio valor psicológico como individuo.

3. Desarrolla una actitud paranoide y celosa. En ese pecado va la penitencia incluida, puesto que, al mismo tiempo que despeja las dudas sobre si su pareja es «deseable», ofreciéndola al deseo ajeno, vacila respecto a su propia valía personal como *partner* en una relación de pareja cada vez más amenazada y precaria, debido a que a su alrededor se acumula un número creciente de posibles competidores.

EL CURIOSO IMPERTINENTE
Para mantener mi deseo
necesito que lo deseen otros

La repetición del ciclo de traición y abandono

Todo el mal procede de una interna necesidad de reforzar su propio deseo por sí mismo (autoestima) mediante el deseo del deseo
de los demás.

Ante sentimientos muy profundos de inadecuación, reacciona
compensatoriamente buscando un amante espectacular, fuera de
toda gama de comparación con él. Pero una vez que consigue a
esa persona y la convierte en su pareja, aparecen las dudas y la inseguridad que le convertirán en celoso o posesivo.

A partir de entonces, se dedica concienzudamente a autosa-
botear su relación. No solo mediante la actitud ya comentada del
«pavo real» que presume de «novia imponente» o de «novio ban-
dera», e induce así a todos a la envidia social, sino también mediante las dudas y sospechas que su misma inseguridad le genera.

Tales sospechas proceden de una profunda falta de fe en sí
mismo y en sus posibilidades de salir adelante y triunfar consoli-
dando su relación afectiva.

A fin de cuentas, el curioso impertinente no se engaña. Está
siempre a la espera de que se abata por fin sobre él la fatalidad y
que se repita el que parece ser su eterno destino de ser una vez
más traicionado y abandonado.

Para muchos individuos ese ciclo repetitivo del abandono tiene su origen en experiencias tempranas de padres y madres con
tendencia al abandono y/o emocionalmente fríos o distantes.

La falta de autoestima le lleva a no hacer nada (sería imposible) para esforzarse, luchar y mantener su relación de pareja y a
hacer todo lo contrario, trabajando denodadamente para destruirla.

Este tipo de personas no pueden luchar por aquella pareja
que sienten que no merecen. Sus dudas, sospechas y celos son un
reflejo de que han tirado muy pronto la toalla.

Ello explica que muchos se abandonen físicamente, dejen de cuidarse en lo personal y se vuelvan indolentes, indiferentes o pasivos en

su vida sexual y afectiva con su pareja. Simplemente esperan a que se acabe la cuenta atrás del sueño que han soñado de estar con alguien tan fabuloso, sabiendo que todo sueño acaba al despertar a la realidad.

Por otro lado, su comportamiento suspicaz, celoso y paranoide funciona como una sugestión indirecta (siempre las más eficaces en hipnosis), y termina animando e incitando el deseo de sus parejas de tomar la iniciativa de abandonarles. Cuanto mayor es la prisión, más crece el deseo del preso por la libertad.

Encuentran entonces en esa respuesta de «abandono» de sus parejas, la confirmación de sus peores temores y el cumplimiento de su autoprofecía existencial: «Todos me abandonan, nadie me quiere, todos terminan traicionándome».

Todo esto refuerza su visión del mundo hostil y paranoide.

Como una especie de guion predeterminado, todo curioso impertinente termina a la postre encontrándose frente a su «malvada, pérfida y traidora pareja», que habitualmente le deja por alguien de su mismo entorno, convirtiéndose al mismo tiempo en cornudo y amigo traicionado. Se le escapa que es él mismo quien, con su actitud, sembró y cosechó su propio mal.

Su pareja, engañándole y traicionando a este curioso impertinente, con alguno de los amigos que le fue presentado por él mismo, le confirma que sus peores temores eran fundados, y que, finalmente, tenía razón en desconfiar de ella. La paranoia se ve así reforzada circularmente.

De este modo, el paso de los años y la reiteración del mismo patrón de comportamiento suelen convertirle en un compulsivo y masoquista repetidor de los mismos errores, tropezando en los mismos obstáculos que él mismo se ha colocado tan eficazmente en su camino, gracias a la ceguera de no poder ver a tiempo el mecanismo del que es víctima.

Su *adverso* destino podría sin embargo ser distinto y favorable si comprendiera cómo funciona en su caso el mecanismo mimético invertido.

«Lo que más me duele no es que me dejes, sino que me reemplaces...»

Resulta muy interesante el análisis del proceso mimético en el caso del eterno marido por el hecho de que se corresponde con la posición generalizada de una buena parte de los individuos en una sociedad narcisista como la actual.

El narcisismo en psicología se refiere al hecho primordial de una ausencia de genuina autoestima que conduce a quien la sufre a una conducta externa que intenta compensar esa carencia, mediante una actitud en las relaciones diametralmente opuesta.

El término narcisismo procede de un mito griego. El mito de Narciso habla de un personaje que se enamoró de su propia imagen reflejada en las aguas de un estanque y cuyo destino fue consumirse en un deseo insatisfecho de sí mismo, ahogándose en el mismo estanque que le reflejaba.

Para un narcisista el resto del mundo no existe, si no es en su condición de espejo de sí mismo. Se obliga a buscar a los demás para poder reconocerse y persigue en ellos un tipo de valoración que le falta en lo más profundo de su ser.

La configuración temprana de la personalidad narcisista puede explicarse desde la psicología clínica sobre la base de una carencia emocional temprana producida por madres psicológicamente tóxicas, emocionalmente frías o indiferentes que experimentan una agresividad encubierta hacia su hijo o hija.

La megalomanía propia del narcisista obedece a sus profundos sentimientos de inadecuación, inseguridad, miedo, privación y rabia.

La sensación que proyectan de ser únicos, importantes y diferentes a los demás no es más que una compensación exterior. Explica por qué los narcisistas buscan a la desesperada en los demás su propio reflejo (espejo). Pretenden encontrar en la mirada del otro algo que les confirme la mentira en la que se desenvuelven. Algo que les permita vivir de esta sobrevaloración ficticia. La tragedia para un «narciso» es que nunca resulta suficiente. Como el adicto, siempre necesita una dosis suplementaria «para estar bien».

Así, aunque el narcisista aparece como alguien «que va sobrado» de autoestima debido a su aparente arrogancia, prepotencia y seguridad en sí mismo, no hay nada más lejos de la realidad.

No es extraño por tanto que muchas personas sufran hoy día en nuestra sociedad el patrón tóxico propio del curioso impertinente o eterno marido en sus relaciones amorosas.

La necesidad de superar el vacío existencial mediante la transformación en un «dios» para los demás explica que muchos sean perfectamente capaces de vivir en esa ficción, convirtiendo todas las relaciones en la fuente de una gratificación especular característica del narcisismo.

Los demás son convertidos en meros espejos que devuelven al narcisista supuestas miradas fascinadas que le suministran a diario su dosis de heteroestima.

El narcisista vive necesitando ser el objeto de esas miradas y de la admiración de los que le rodean. Y en caso de no ser el objeto de esas miradas, es capaz de todo con tal de suscitarlas, incluso de sacrificar su propia relación de pareja.

De ahí precisamente procede el principal peligro en sus relaciones afectivas y el surgimiento del patrón tóxico del curioso impertinente. En que no dudará en inmolar en el «altar de su ego herido» a su propia pareja, exponiéndola repetidamente a las miradas fascinadas y envidiosas de los otros.

Algo así como: «Contemplad esta persona tan maravillosa y a su maravilloso y no menos fabuloso propietario». En este sentido, vive a su pareja como un mero objeto de adorno, que habla de él. Lo mismo que un reloj caro y un lujoso automóvil nos dan pistas sobre la calidad de su dueño, su pareja no deja de ser y sentirse como ese objeto, usado para mayor gloria y loor de su propietario.

Hay que hacer oídos sordos a sus protestas de que todos se fijan en él, todos le imitan, todos desean copiarle, todos desean a su pareja. Todo forma parte de esa tramoya social de la que tiende a rodearse el narcisista. No son más que falsas alegaciones que esconden una muy oculta satisfacción interior. El narcisista se sonríe cuando se ve envidiado por los demás por la fantástica y exuberante pareja que exhibe.

Por eso terminan siendo víctimas de su propia representación teatral. Los que viven inicialmente con la sensación de que todos les envidian, y admiran, no tardan en creer en la ficción de una confabulación universal en la que todos parecen empeñados en perjudicarle, atacando su felicidad en las relaciones de pareja que mantiene.

Lo que le preocupará más a uno de estos narcisos, cuando es abandonado por su pareja, es lo que este proceso significa socialmente, esto es, la desmejora exterior, para su imagen y por lo tanto para su cotización.

Así expresaba su desazón uno de estos narcisistas, heridos en su orgullo, cuando su pareja lo deja: «Lo que más me duele no es que me dejes, sino que me reemplaces».

11

TERCERA TRAMPA: LA MISIÓN IMPOSIBLE, DONJUANES Y MESALINAS

El obstáculo más grave es el que se prefiere por encima de todo, pues es el más adecuado para aumentar la pasión.

Denis de Rougemont

«Amar a alguien porque es imposible, difícil o prohibido»

¿Te ha ocurrido a veces no saber la razón por la que te gustan solo personas ya en pareja, ya comprometidos o psicológicamente indisponibles?

¿Te sorprendes recurrentemente a ti mismo intentando seducir a personas que no hacen más que rechazarte e ignorarte despiadadamente?

¿Fantaseas a veces con personas que te desprecian, insultan o ignoran sin poder dejar de sentir cierto placer morboso y atracción por ellas?

¿Te sorprendes con ideas o fantasías de seducir a las parejas de otras personas?

Si te suceden estas manifestaciones puede que estés aquejado de uno de las más temibles trampas que comprometen el verdadero amor, la de la «misión imposible».

Este virus vuelve a tener origen en el automatismo y en la ficción que produce el mimetismo y la «loca máquina de desear».

Las mujeres lo conocen bien y llevan siglos maldiciendo la suerte que hizo que los mejores hombres o bien están ya comprometidos o bien son religiosos célibes o son gais.

Es el síndrome de la misión imposible el que convierte a su víctima en un don Quijote molido a palos: «Solo es deseable lo que se me resiste o se me prohíbe».

La *fruta prohibida*, el *objeto inalcanzable*, el *más difícil todavía* consagran una loca aventura que nunca tiene final feliz y que conduce al incauto Quijote a convertirse en héroe romántico *buscando siempre más y mejores batallas* o, lo que es lo mismo, repetir un patrón que le conduce «de victoria en victoria hasta la derrota final».

Gracias a nuestras neuronas espejo y a las leyes miméticas que estas siguen, los objetos que se vuelven obstáculos para el deseo son los más fascinantes. Un objeto de amor que resulta imposible, lejano o inalcanzable, lejos de desincentivar a quien quiere poseerlo, suele transformarse milagrosamente en algo apreciadísimo. Lo saben bien las *coquetas* y los *bad boys*, que funcionan como reclamos infalibles del deseo de muchos.

Esa transformación de la misión imposible en misión romántica heroica produce una ficción: la que convierte un objeto imposible en un objeto semidivino.

Un obstáculo, un límite social o una real o imaginada prohibición pueden funcionar hipnóticamente como una sugestión negativa, que adquiere un valor extraordinario en el mercado interno del deseo y que termina obsesionando y envolviendo en su tela de araña a muchos.

Las variedades de la locura del héroe romántico

«Cuanto más difícil es conseguirla, más valiosa siento que es esa relación».

«Cuanto más indiferente o más me ignora, más atractiva me parece la persona».

«Cuanto más prohibida o reprochable socialmente aparenta ser una relación, más interesante me resulta».

«Cuanto más peligro supone para mi seguridad, mi reputación, mi imagen social, o incluso mi vida o integridad, más fascinante y atractiva me resulta».

«Cuantos más tabúes infringe esta relación, más enamorado me siento».

A nadie en su sano juicio le parecerá que estos *mantras* puedan ser seguidos por millones de personas en este mundo, y sin embargo es así.

Estas y otras muchas son las variedades habituales del patrón de quienes se ven envueltos en la misión imposible. La fruta cuanto más prohibida, más apetitosa parece.

No hay nada comparable a un objeto prohibido, restringido, inalcanzable, insuperable o exclusivo de otro, para suscitar la furia de un deseo mimético formidable que además parece surgido de un ser apasionadamente enamorado.

El deseo por ese objeto será tan terco, obcecado y obsesivo como peligroso, escandaloso o imposible resulte a la vista del sujeto deseante.

LA MISIÓN IMPOSIBLE

OBJETO PROHIBIDO C — *Imposible, inaccesible, inalcanzable = único que merece la pena*

Deseo original

Imitación: Pues entonces, lo desearé

+ PROHIBICIÓN DIFICULTAD RIESGO PELIGRO

Deseo copiado

Sujeto A ⟹ Mediador B

El objeto es deseable puesto que es imposible de alcanzar

**LA MISIÓN IMPOSIBLE
Solo lo que es imposible de alcanzar
merece la pena ser deseado**

Por eso los afectados por este patrón sienten que solo les enamoran, atraen o seducen ciertos tipos de «objetos imposibles». Son los únicos que para ellos merecen la pena. Para estos héroes empedernidos, un NO significa ADELANTE, y un SÍ significa STOP. GAME OVER.

Esos «objetos imposibles» o difíciles de amar obsesionan, encantan, y llegan a pervertir el deseo de una persona por una única y exclusiva razón: porque son, o aparecen para ellos, como objetos imposibles de alcanzar.

Quien dice objeto, dice objetivo.

De ahí que la misión de alcanzar objetos imposibles sea siempre una «misión imposible» porque sencillamente no es posible lograr el objetivo.

Este patrón enloquecedor convierte la vida de muchas personas en un verdadero infierno. Cuanto más dificultoso, complicado, inaccesible es el objetivo, el adversario, la prueba o el riesgo, mayor va a ser la atracción que experimenta aquel al que su misión imposible convierte en un «superhéroe».

Solo el *carácter imposible de la misión* de conquistar, tener, apropiarse del amor de esa persona, la transforma ante sus ojos en un objeto (objetivo) deseable, adorable o *amable*.

La paradoja está servida, pues únicamente la derrota confirma que el objetivo amoroso era deseable. Y de modo contrario, la conquista del objetivo conlleva una sensación de derrota, pues demuestra que no era el verdadero objetivo a ser alcanzado.

Si la razón por la que a estas personas les gusta X es tan solo que X tiene el estatus de «objeto inalcanzable», tan pronto como dicho objeto pierde dicho estatus mítico deja de interesarles, pues ya pierde su calidad de deseable.

Así ocurre en la realidad.

Tan pronto la necesidad de realizar un duro esfuerzo o de superar el obstáculo desaparece se acaba la misión imposible, y el objetivo, ahora ya accesible, vencido y conquistado ya no importa.

Desaparece de su área de interés tan rápida y repentinamente como antes se le manifestó su deseo o interés por él.

«Hasta el infinito y más allá» y «De victoria en victoria, hasta la derrota final»

Cada año vemos en las cumbres del Himalaya cómo algunos pagan con sus vidas el efecto de la absurda compulsión de buscar siempre aquel objetivo que más y mejor nos destruirá.

El amante conquistador de las cumbres del amor, en pos de la aventura de coronar el monte del alma de su «inalcanzable amada» es el doble exacto de aquellos montañeros que sienten cada año la «llamada de las cumbres». Siempre más y mejor. Más cumbres y más altas.

La cumbre alcanzada no significa nada para todos los escaladores miméticos.

«Prueba superada» y «cumbre alcanzada» suelen significar nueva y humillante decepción y nuevo deseo por superar lo ya alcanzado, fijándose otro tipo de objetivo. Nada más culminar, pierden todo interés por el pico. El triunfo suscita la duda sobre si esa elección era la correcta pues, finalmente, «lo han podido hacer». Si han podido superar esta montaña, ello prueba que este objetivo no era suficientemente difícil. Estaba mal elegido. Si, por el contrario, la montaña puede con ellos, entonces esa será la señal de que el objetivo SÍ merecía la pena. Una verdadera locura, propia de masoquistas.

Buscan en algo de veras imposible de alcanzar el siguiente objetivo a batir. La próxima montaña que, por ser la más difícil, será el objetivo verdaderamente interesante.

A este objetivo dedicará todos sus esfuerzos y su vida entera (de forma obsesiva). Todo con tal de conseguir llegar a la cumbre y vencerlo. Una obsesión que lleva la semilla de su autodestrucción.

Esta tendencia a la propia humillación no es masoquismo, sino el efecto de un mecanismo reflector de las neuronas espejo, que confunden «lo que no se puede», con lo que «verdaderamente merece la pena».

El amor al riesgo, querer vivir al límite, flirtear con el peligro, la sed de aventuras locas y románticas, el siempre *más allá*, la voluntad de superación, el deseo de trascender los límites, de atravesar fronteras «hasta el infinito y más allá», de batir todos los récords..., no son más que las expresiones sociales del mismo mecanismo mimético de búsqueda de la misión imposible.

Una locura social tan extensa y aceptable como seguro y claro es su destino fatal.

De victoria en victoria, hasta la derrota final.

Cómo funcionan las sugestiones negativas en el ser humano

Todos los educadores saben que hay dos modos de conseguir que un niño haga algo:

1.   Ordenárselo (sugestión positiva).
2.   Prohibírselo (sugestión negativa).

También saben que la segunda vía tiene muchas más probabilidades de ser efectiva que la primera, pues las sugestiones negativas tienen más fuerza que las positivas.

Cualquier buen hipnotizador también lo sabe. Es más fácil sugerir cosas de forma negativa que positiva.

Si le dices a un paciente: «Imagina un elefante rosa», es probable que te diga que le cuesta hacerlo. No obstante, al decirle: «No quiero que pienses en un elefante rosa», es casi seguro que el paciente lo esté visualizando ya desde ese momento.

Todos hemos comprobado las enormes dificultades cuando queremos hacer «de celestina» y presentar a esa amiga, soltera y sin posibilidades, a ese amigo nuestro, también sin muchas posibilidades, que le va como anillo al dedo. Qué bien estarían juntos… y sin embargo… ¡Maldición! Cuantos más esfuerzos hacemos todos, desde todos lados para emparejarlos, peores son los resultados.

Por el contrario, es mucho más fácil venderle la «burra coja» si se le dice a ese mismo amigo acerca del carácter inaccesible e imposible de esa misma chica. De cómo todos los que intentan salir con ella salen desairados. Las sugestiones indirectas hechas al oído del potencial conquistador del tipo «No creo que puedas conseguirlo, pues es una tía fuera de serie» tienen todas las papeletas para lograr el efecto contrario, incendiando el deseo del soltero amigo. Lo mismo ocurre si se hace lo mismo con la amiga. Y si, además, ambos creen en el carácter inaccesible del otro (aunque no del todo inaccesible), pues se producirá el chispazo.

Estas son algunas de las sugestiones negativas más fascinantes para el que cae en el virus de la misión imposible:

1. Cuanto más vehementemente alguien me prohíbe una cosa, más deseable se vuelve esa cosa.
2. Cuantas más dificultades me pone la propia persona, más deseable debe ser esta persona.
3. Cuanto más extremos sean los obstáculos, más intenso se volverá mi deseo por el objeto.

Nuestra primera caída o el pecado original

Lo mismo que el niño se deja sugestionar por la prohibición, así lo fueron nuestros primeros padres. El *Génesis*, en la Biblia, nos narra, en forma de metáfora, cómo la pérdida del paraíso terrenal se produjo a causa de transgredir una prohibición establecida por nuestro bien. En el jardín del Edén, Adán y Eva fueron a tomar el objeto prohibido, el fruto del único árbol que no estaba permitido, mientras que tenían a su libre disposición todos los demás.

La serpiente, que es el más difícil de *ver venir* de todos los animales creados, por su carácter reptante y sinuoso, representa en el relato el deseo mimético. Es el mimetismo del deseo el que lleva a considerar que todo lo que nos está prohibido o vedado es el verdadero objetivo a conseguir.

Y eso lleva aparejada la perdición. La entrada en el mundo de la rivalidad, la ambición, la envidia y la violencia en las relaciones humanas.

Desde el momento en que el objeto imposible nos revela su carácter de fruta apetitosa, nace el deseo o la ambición de alcanzarlo, solo para ser semejante a aquel que supuestamente nos prohíbe o dificulta el paso para acceder a él, un mediador que se va a convertir en un obstáculo.

El objeto imposible nos va a llevar a la revelación de quién es el verdadero y divinizado adversario, es decir de cuál es el auténtico y genuino modelo de identificación, contra el que deberemos combatir, asignándonos al mismo tiempo una misión imposible, la de derrotar a Dios.

Pero derrotar al dios que el mimetismo nos sugiere ver en cada propietario de un objeto inaccesible es algo irrealizable, puesto que la victoria sobre él y el alcance del objeto vedado lleva aparejada siempre una derrota segura, es decir la caída y la salida del paraíso para entrar en el valle de lágrimas. En este juego, ganar significa siempre perder.

El fruto prohibido es, al final, siempre un fruto amargo, tal y como se encarga de advertir el libro del *Génesis*: por dos razones:

1. La imposibilidad de compartir pacíficamente ningún objeto y por tanto la necesidad de trabajar para conseguir y poseer privadamente objetos que debemos prohibir a otros.

2. La imposibilidad de permanecer la pareja humana en un estado de equilibrio y la necesidad de manipularse uno al otro para poder seguir adelante. O tú eres un dios inalcanzable para mí o yo lo soy para ti. La necesidad de seducir, encantar, enamorar al otro y su inmediata consecuencia, la aparición del balancín infernal, ese vaivén relacional es el que tantas parejas conocen, pues viven en él desde hace años. Cuando uno está arriba, el otro está abajo y viceversa.

La atracción fatal de los *atractores* extraños

La señal inequívoca de haber caído en el virus de la misión imposible es observar a los afectados estrellar una y otra vez sus vidas y energías contra objetos inalcanzables.

Es lo que los afectados suelen llamar muy acertadamente una «atracción fatal», porque a la postre resulta ser tal. El proceso por el que estos necios se ven atraídos irremisiblemente a lo largo de sus vidas por quienes más y mejor los desprecian, humillan, ignoran, desairan o incluso maltratan a todos los niveles.

Después de años sin entender nada, las víctimas de la loca máquina de desear ya no suelen ser atraídas sino por las personas más nocivas, tóxicas y peligrosas que existen en su entorno. Los denominaremos, tomando el término de la física cuántica, «atractores extraños».

Con frecuencia, son las personalidades más narcisistas, antisociales o psicopáticas que existen las que operan como atractores extraños para quienes sin duda alguna van a convertirse finalmente en sus víctimas.

Los atractores extraños ejercen una extraña y paradójica función. Su frialdad, impasibilidad, falta de empatía y de compasión funcionan como potentes imanes para los que sufren la infección del virus de la misión imposible. No pueden sustraerse a esos objetivos inalcanzables, quizás los más inalcanzables de los objetos que el universo relacional ofrece.

Y es que, en efecto, resulta una misión imposible lograr que un narcisista sienta genuino amor por el otro, que un paranoico confíe o que un psicópata experimente ternura.

Muchos de los *infectados* resultan durante años víctimas de la nociva relación con estas parejas tóxicas. Estas los maltratan, parasitan, menosprecian o destruyen lenta e inexorablemente, con muy poca o escasa probabilidad de escapar a la atracción fatal.

Las racionalizaciones más variopintas ayudan a las víctimas a justificar el permanecer sumergidas en la *mierda*.

Esa inmersión durante años en una relación-cloaca les convierte ante sí mismos en auténticos superhéroes morales. Esa sí que es la *verdadera y auténtica misión imposible*.

Son ellos los que van a redimir a su tóxica pareja. Su amor incondicional será capaz de demostrarles y enseñarles cómo es el verdadero amor. Su ejemplo atraerá, conmoverá y convencerá finalmente a su atractor extraño.

La paciencia que todo lo alcanza logrará forzarles a cambiar a mejor. Su sufrido silencio en medio del menosprecio o el maltrato tendrá la recompensa de verles al fin triunfar del objetivo imposible.

Detrás de ese supuesto masoquismo se oculta el EGO de estos estúpidos y necios superhéroes. No es un problema de falta de inteligencia o de carencia de autoestima. Es pura vanidad.

Detrás de estos aparentes *rescatadores* se encuentra el virus de la misión imposible y, cómo no, la vanidad y el orgullo de «conseguir lo que nadie ha conseguido».

Al final, se descubre que lo que quieren es hacer pasar por el aro al tigre, lograr lo que nadie ha podido, alcanzar el más difícil todavía, la cumbre psicológica definitiva… Y, sin embargo, lo que ocurre más a menudo es que el tigre termina comiéndose a su vanidoso domador.

Lo que nos enseña el análisis de la realidad es que detrás de una persona atraída y machacada recurrentemente por parejas tóxicas suele encontrarse el vanidoso ego de alguien infectado por el virus de la misión imposible. En este caso, el virus ha mutado en una perentoria necesidad de hacer por su pareja lo que nadie ha hecho, esto es, convertirla en una buena persona, en alguien normal. ¡Vana pretensión!

En su epitafio se podrá leer: «El intento que acabó con él/ella fue fallido, pero eso demuestra que mereció la pena (por ser una misión precisamente… ¡¡¡Imposible!!!)».

El final de la misión imposible

Una vez que la persona enamorada de su objeto imposible lo consigue finalmente, el juego se acabó.

La revelación del mecanismo mimético nos informa de que el objetivo a alcanzar no tenía valor por sí mismo. Solo fue un objeto de deseo en tanto duró su virtualidad de probar el valor, la destreza, la capacidad o la potencia de aquel que fue capaz de conseguirlo.

La maldición aparejada a esto es que, puesto que el sujeto pudo conseguirlo, eso es señal de que el objetivo no era tan valioso, y por lo tanto el sujeto que lo alcanzó, tampoco es finalmente tan maravilloso o divino.

Por eso, una vez que consigue al *pibón*, nuestro superhéroe, el conseguidor de imposibles hazañas, tarda muy poco en abandonarlo y pasar a otra cosa. No solo porque desdeña lo que ha logrado, lo cual revela que el *pibón* no era para él más que un mero objetivo, sino porque ahora, y precisamente por haberlo alcanzado, se desdeña a sí mismo.

¿Quizás no sea tan superhéroe porque el objetivo no era suficientemente exigente? Necesita otra cota más alta para devolverse la autoestima. Siempre más y mejor. La mejor parte ocurre *mientras* dura el proceso de ascenso al *risco* inaccesible.

Esta caza y captura de parejas cada vez más imposibles o inalcanzables conduce inexorablemente a la derrota final de estos necios conquistadores, que terminarán por ser a su vez derrotados por el único objeto que, al final, merecerá la pena de verdad. Aquel objeto que nunca se dejará vencer o conquistar. Aquel que, por fin, les va a derrotar y destruir definitivamente.

Ese objeto terminará subyugándoles, no por otra razón sino porque no han podido con él, destinándoles a volverse adoradores resentidos, deprimidos o ciclotímicos, anclados ya en adelante a esa persona, idealizada como verdadero *objeto imposible*.

De este modo, los superhéroes que se asignan a sí mismos la tarea de vivir la ficción de una misión imposible terminan consiguiendo que esta ficción se convierta en una realidad. Esa ficción cobra vida en una monstruosa realidad que muchos «superhéroes románticos» no pueden soportar.

Incapaces de disfrutar de lo que tienen en el presente, acaban por desear aquello que, *siempre más y mejor,* les destruirá a ciencia cierta.

Algo en verdad *imposible* terminará arruinando sus vidas, esto es, alcanzar el ser trascendente (Dios) a base de transgredir una prohibición que pasa por conseguir lo *inconseguible*.

Tomarán finalmente, al igual que nuestros primeros padres Adán y Eva, la fruta que estaba prohibida y prometía el acceso a la divinidad (el ser trascendente), para encontrarse que la promesa de la serpiente (el mimetismo) era mentira. No solo no se convertirán en dioses, sino que se verán expulsados del paraíso, abocados a un eterno retorno.

El juego de repetir una y otra vez el mecanismo mimético de buscar *la falsa trascendencia del ser* a través de superar objetos y misiones imposibles significa entrar en el mundo del pan ganado con el sudor de la frente, de la ambición, de la necesidad del engaño, la simulación y la seducción y la violencia como catarsis final.

La patología extrema de la misión imposible: donjuanismo y mesalinismo

¿Tiendes a intentar seducir y salir con personas solo para, una vez conseguido el objetivo, dejar caer la relación rápidamente?

¿Vives tus conquistas amorosas como un escalador que anota las montañas que ya ha superado?

¿Eres coleccionista de examantes despechados a los que, una vez conquistados, dejaste aparcados en las cunetas del amor?

¿Te sientes atraído por todo tipo de relaciones imposibles?

¿Eres una persona que va de flor en flor sin rematar con ninguna relación amorosa estable?

Uno de los personajes más clásicos de la literatura es *Don Juan*, de quien se dice que «a los palacios subía y a las aldeas bajaba», sin más objetivo que seducir a mujeres que pertenecían a otros.

Para el Don Juan, las mujeres, lo mismo que para su correlato femenino, la Mesalina, las personas a las que seduce, no son más que *objetos* de una larga colección.

Su actitud revela un voraz y frenético deseo de seducir, asediar, someter, amancebar, poseer y finalmente abandonar y dejar tiradas a sus presas. Amar el obstáculo solo hasta que deja de serlo es el núcleo central del proyecto de conquista que motiva a todos los *donjuanes* y las *mesalinas* de todos los tiempos. Ese deseo, ya lo sabemos, no viene dictado por el amor verdadero sino por el más rabioso mimetismo, enervado y exacerbado ya solo por prohibiciones, vetos o tabúes, reales o presuntos que a los donjuanes les energizan.

Los estragos que provocan este tipo de personas en nuestra sociedad actual son inenarrables, pues pueden ser cientos o incluso miles los incautos que caen en las redes de uno solo de estos donjuanes o mesalinas a lo largo de su vida. Mi libro anterior *Amor Zero* está dedicado a las víctimas de todas estas personalidades destructivas.

El otro es considerado como un mero objeto que debe ser consumido antes de que otro (el rival real o potencial) se abalance y les prive de él. Se trata de arrebatar el objeto al contrario, presuponiendo que eso es lo que va a resultar valorable.

De nuevo el artefacto mimético está en marcha.

Para un donjuán o una mesalina el otro no es un compañero humano en la pareja, sino un mero objeto de satisfacción.

Puesto que el otro es cosificado como presa, una vez consumida la presa, se puede descartar fríamente y tirar a la basura sus despojos.

Donjuanes y mesalinas están ojo avizor para detectar dónde se encuentran potenciales *affaires* a base de descubrir los elementos obstaculizadores o los rivales que les señalan los posibles objetivos. Cada objetivo debe ser tomado y destruido para desposeer de él al rival.

El rival suele ser habitualmente alguien real con el que se cruzan, y la presa, su pareja.

El rival puede existir solo en la imaginación del donjuán o la mesalina o ser una mera prohibición. Entonces, cada objeto que pasa al lado de ellos, puede ser considerado como un posible objetivo, pues sugiere la existencia virtual de un rival a batir en forma de transgresión. Van *a por todo lo que se mueve.*

Don Juan se lo pasa en grande seduciendo a las novias y a las mujeres de sus amigos, mientras Mesalina se divierte arrebatando a los novios o maridos de sus amigas y conocidas.

Los donjuanes buscan, asedian y enamoran a las mujeres de otros, prometiéndoles el *oro y el moro.* Las seducen y embelesan con cantos de sirena, protestas de amor, etc., usando cualquier tipo de lenguaje romántico en verso o en prosa para «tocar» y «hundir» el barco que ha resultado ser su objetivo.

Las mesalinas, tras seducirlos sexualmente, someten, subyugan y humillan a los hombres, que, fascinados, suelen caer derrotados, presos de una súbita y poderosa pasión sexual y amorosa que los consume.

Mediante todo tipo de estratagemas, incluida una extraña facultad hipnótica que suelen tener, tienen a gala dominar y «hacer bailar» al son de la música que ellos quieren a sus nuevos amantes que quedan así prendados y *enamorados*...

Sus historias de conquista revelan que vencer a las demás rivales es a la postre lo único que les importa.

Sus dependientes y sumisas víctimas son abandonadas después de usadas, y despreciadas olímpicamente como material ya utilizado o desecho de amoríos.

Lo hacen con total frialdad y sin ningún sentimiento de culpa.

DONJUANISMO Y MESALINISMO

Objeto del rival   *Es deseable solo porque significa derrotar al rival*
C

Imitación: soy capaz de vencerte. Ganar, vencer, dominar

Sugestión NEGATIVA FICTICIA: ¿a que no eres capaz de vencerme? (Ilusión del otro como RIVAL)

Sujeto   **RIVAL**
A   **B**

El otro es rival pues me niega el acceso a su objeto

DON JUAN
Solo un objeto que se puede arrebatar a otro es deseable

Juegan con sus víctimas como el gato con el ratón, antes de, finalmente, descartarlas, despreciarlas y dejarlas destruidas, desesperadas.

Don Juan y Mesalina son arrastrados por el mimetismo a un único objetivo: derrotar a sus rivales y triunfar sobre ellos. Para vencerles es imprescindible arrebatarles su preciado objeto.

Una vez arrebatado, este ya no tiene ningún valor.

Se tira y punto.

Y por ello, el objeto suele quedar destrozado.

Don Juan y Mesalina viven en un mundo ficticio en el que solo perciben rivales y presas. Tan solo hay presas a las que han de poder depredar y desposeer de sus legítimos propietarios. Nunca desean por sí mismo al objetivo amoroso y por eso nunca hay amor real detrás de esos supuestos flechazos. La persona a la que seducen les sirve para dejar derrotado y vencido a su anterior pareja o pretendiente.

Sin embargo, en el pecado llevan incluida la penitencia, pues poseer a todas las mujeres o a todos los hombres de sus rivales equivale a no poseer a ninguno en verdad.

El donjuanismo y el mesalinismo son proyectos abocados a la frustración amorosa y al vacío.

Para ellos no puede existir nunca una verdadera relación de pareja. No pueden dar nada ni aún menos recibir.

Sus parejas son víctimas de reposición rápida. Pura carnaza con las que satisfacen un apetito insaciable por vencer a siempre más y mejores rivales. De ahí que los donjuanes y mesalinas terminen en un purgatorio o incluso en un infierno en vida de nunca terminar de rematar la consecución de su objetivo por la lógica infernal del deseo mimético.

Con nada ni con nadie pueden aplacar esa sed de lo imposible y de lo inalcanzable, pues para ellos el proceso de beber acarrea más y mayor experiencia de nueva sed.

Ningún teólogo objetaría definir esta experiencia como un verdadero infierno en el sentido más literal de la palabra. A este infierno en el que estos demonios viven, arrastran a sus víctimas haciéndoles experimentar lo que yo he denominado el AMOR ZERO.

12

CUARTA TRAMPA: LA COQUETA O EL CHICO MALO *(BAD BOY)*

> *El truco de toda coqueta para provocar el deseo de otro es mantenerlo*
> *ignorante de su intento de suscitarlo.*
>
> RENÉ GIRARD

«Amar a alguien porque pasa de mí o me ignora»

¿Te ocurre que te sientes atraído irremediablemente por las personas que aparecen más frías e indiferentes hacia ti?

¿Sientes que en una fiesta, la chica o chico que más te gusta es siempre aquella o aquel que menos caso te hace?

¿Te sientes enamorado perdidamente de aquellas personas que se presentan distantes y lejanas, como si pasaran por completo de la humanidad?

¿Te sientes atraído por personas que se muestran tan solipsistas e individualistas que dan la sensación de no necesitar a nadie a su lado?

La coqueta Enriqueta, el indiferente Vicente o el duro Arturo son las modalidades de un tipo de mujeres fatales o de *bad boys* que causan enorme atracción a muchos que terminan confundiendo esto con el amor verdadero.

Estos individuos son capaces de mostrar una olímpica indiferencia, rayando en el desprecio en sus relaciones con los demás.

Sugieren un mito con el que enganchan. La supuesta diferencia radical que les eleva por encima de todos. Su pretensión es vana y falsa, pero causa un efecto porque la apariencia de indiferencia respecto a los demás es un truco que funciona.

Este tipo de personas atraen fatalmente a otros individuos, en especial a *los superhéroes románticos*, y a los denominados *pagafantas*.

Su extremada indiferencia, excentricidad o frialdad les lleva a ser percibidos como portadores y poseedores de algo «especial», algo genial, que les hace distintos al resto de los mortales.

Todo este *postureo* de la *coqueta* o el *tipo duro* no es más que una estrategia de quien, con mayor o menor consciencia, ha descubierto cómo funciona el mecanismo de la máquina de desear, es decir del mimetismo.

En el triángulo mimético que produce la máquina de copiar deseos, la coqueta y el *chico malo* pretenden ocupar de forma deliberada el puesto de puro *objeto de deseo*.

Para arrastrar el deseo del otro simulan desearse a sí mismos de un modo intenso y *exclusivo* que induzca al otro a la imitación. Tan intenso parece ser su deseo por sí mismos que aparentan no necesitar a nadie que los desee.

Esa apariencia de independencia y autonomía suele ser irresistible para muchos. La actitud propia de alguien que va sobrado de autoestima y autonomía emocional.

La coqueta o el chico malo se postulan como un objeto inalcanzable de deseo, utilizando a su favor el mecanismo que ya hemos analizado en la *misión imposible,* tentando al *superhéroe romántico y mimético* que hay en nosotros.

La única diferencia es que, en este caso, sujeto y objeto se confunden.

No hay un tercero como objeto imposible o fruta prohibida. La fruta que se postula como prohibida es la misma coqueta, el propio sujeto que se muestra indiferente a sus adoradores o pretendientes.

Para convertirse en objeto del deseo del otro necesita un modelo. En este caso, el modelo va a ser él mismo. Deseándose a sí mismos, los chicos malos y las coquetas utilizan un tipo de sugestión negativa que ya hemos visto, funciona especialmente bien en la especie humana.

De ese modo, podrán suscitar la imitación y, por lo tanto, la copia de ese deseo de sí mismos en los otros.

Dicha sugestión va a ser la de *negarse a sí mismos*. Aparentar una «total ausencia de deseo por el deseo de los demás». Se mostrarán como personas indiferentes al deseo de los otros, precisamente, para mejor suscitar ese deseo.

Las formas que adopta la coquetería tanto femenina como masculina varían mucho.

Van desde la ostentación y pública exhibición de lo más excéntrico y vanguardista en su forma de vestir, hasta la adopción de ideologías o filosofías extrañas que puedan epatar y dejar fascinados a los que ellos consideran su público, es decir, los otros.

El otro es siempre un fascinado espectador de las estrategias que despliega la coqueta. Alguien que muerde fácilmente el anzuelo de dar crédito a esa especial cualidad que la hace tan diferente al resto de los mortales.

Dicha cualidad convierte a la coqueta en un objeto deseable, casi divino, por el que hay que luchar y que hay que intentar poseer cueste lo que cueste.

Las coquetas lo saben bien y por eso fingen un aparente desapego que castiga y pone los dientes largos al ingenuo pretendiente que se desespera bajo los efectos del mimetismo. Ignora que no es más que una pura estrategia destinada a poner a su servicio las leyes del mimetismo y la máquina de desear.

La estrategia de la coqueta sigue un patrón muy clásico que consiste en:

1. Proclamar al mundo entero su independencia y originalidad a través de su forma de pensar, hablar y comportarse.
2. Exhibir a los cuatro vientos una apariencia de rebeldía, originalidad, inconformismo que ejemplifica su indiferencia a la ley de los demás y que proyecta en su modo de vestirse, peinarse o de adornarse con ciertos objetos como pendientes, tatuajes o *piercings* que remarcan su genialidad.

3. Aparentar una indiferencia y un desapego emocional, muy especialmente hacia aquellos sujetos que pudieran estar en su punto de mira. Todo el truco radica en que el objetivo jamás se entere de esto, pues arruinaría toda la estrategia de la coqueta.

Los coquetos y coquetas son legión en nuestra sociedad. Viven su propio espejismo.

Proclaman vehementemente su originalidad, asegurándonos que toda esa parafernalia que montan para mostrarse al mundo entero como diferentes a los demás es cierta. Su peculiaridad y diferencia es real y nace, según insisten, de su propio genio o creatividad.

Nos suelen querer convencer de que no siguen ninguna moda, ninguna tendencia o forma preestablecida en su forma de vestirse, cortarse el pelo o dejarse la barba.

En el *nivel más superficial* su aspecto y su discurso verbal proclaman al mundo entero algo así como:

- «Soy independiente, no tengo necesidad de nadie».
- «Los demás me importan un rábano».
- «Soy autónomo, lo que hagan los otros me resbala y no me afecta».
- «Yo obtengo mis recursos de mi interior».
- «Soy original, las opiniones de los demás no me inquietan ni condicionan».
- «Soy diferente a todo el resto en que no deseo a nadie».
- «Yo, a diferencia de todos los demás, ni imito ni copio a nadie».
- «Mi carácter genial o genuino procede de un interior rebelde y distinto a todos los demás».

Todos estos discursos están al servicio de ocultar al mundo entero la más cruda verdad acerca de sí mismos.

Su pretensión de autonomía y de originalidad debida a no necesitar el deseo del deseo de los demás se viene muy pronto abajo cuando descubrimos que en el *nivel más profundo de la coqueta* se esconde más bien lo siguiente:

- «Necesito absolutamente que los demás conozcan que soy distinto».
- «Necesito que crean que soy diferente y original».
- «Necesito que crean que soy autónomo e independiente de los demás».
- «Necesito que crean que soy rebelde y rompedor de modas».
- «Necesito castigarles e ignorarles para poder seducirles».

Las estrategias que la coqueta ordena para alcanzar sus objetivos demuestran que la verdad última es que es igual a los demás en su deseo del deseo de otros.

No son menos víctimas del deseo del deseo de los demás, sino que este deseo del deseo permanece ocultado por su estrategia social: la simulación de indiferencia y autonomía.

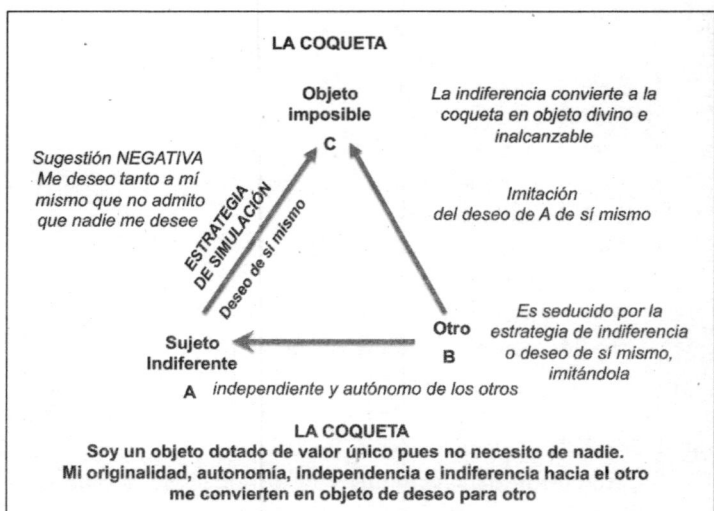

LA COQUETA

Objeto imposible
C

La indiferencia convierte a la coqueta en objeto divino e inalcanzable

Sugestión NEGATIVA Me deseo tanto a mí mismo que no admito que nadie me desee

ESTRATEGIA DE SIMULACIÓN
Deseo de sí mismo

Imitación del deseo de A de sí mismo

Sujeto Indiferente
A   *independiente y autónomo de los otros*

Otro
B

Es seducido por la estrategia de indiferencia o deseo de sí mismo, imitándola

LA COQUETA
Soy un objeto dotado de valor único pues no necesito de nadie.
Mi originalidad, autonomía, independencia e indiferencia hacia el otro
me convierten en objeto de deseo para otro

Y es que las coquetas e indiferentes no hacen nada que pase desapercibido a los demás. Necesitan que estos sepan de su indiferencia. Que conozcan que no los necesitan. Que se enteren de que son tan independientes que no precisan del deseo de ninguno de ellos.

Los coquetos e indiferentes simulan huir de la ley del deseo mimético, sin embargo son, más que nadie, esclavos de ella. Cuanto más pretenden escapar al deseo del deseo de los demás más esclavos se vuelven de estos.

Debido a que conocen mejor que nadie cómo funciona la loca máquina de desear, la usan a su favor descaradamente y con enorme disimulo para elevar su cotización.

Puesto que saben que todos imitan a alguien, las coquetas y los *bad boys* simulan no necesitar ni imitar a nadie. Viven en el eterno *postureo* de aparentar ser rebeldes, autónomos e independientes, para convencernos de que no desean el deseo de nadie.

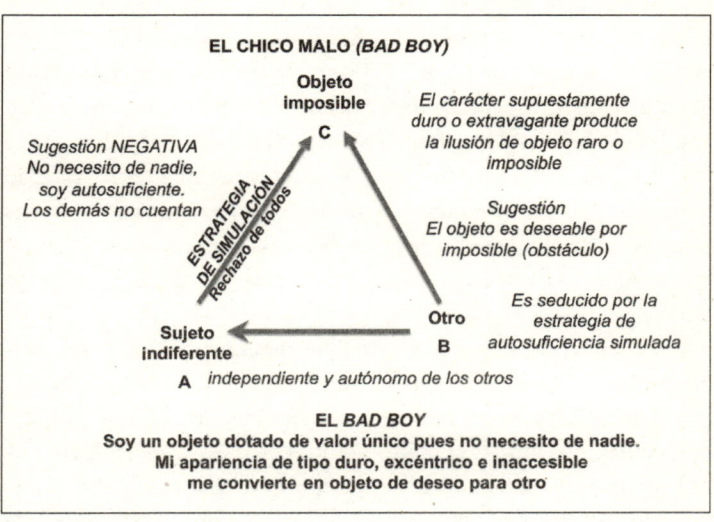

Hay que aclarar que un *bad boy* o chico malo no es más que una coqueta bajo el disfraz de tipo duro e inasequible. Sigue el mismo patrón de buscar epatar y obnubilar al otro por su carácter indómito e inconformista. Pero son las mismas estrategias miméticas las que le guían: colocarse como objeto imposible o inasequible ante el otro.

Coquetas y chicos malos saben que aparecer ante los demás como seres independientes e indiferentes es el mejor modo de lograr encandilarlos y seducirlos.

Bajo el maquillaje de esta actitud fría, indiferente y distante, se encuentra al final la verdad de los seres más dependientes y «de segunda mano» que quepa imaginar.

Su secreta y oculta ambición es siempre ser vistos y mirados (admirados) por todos los demás, fascinados por ese plus de autonomía que aparentan tener.

La inexorable ley del otro

Al final, nadie escapa a la ley del otro. Quienes pretenden haberse librado de dicha ley, como son las coquetas y los «Pichis», nos revelan aún más lo universal que resulta ser ese «deseo del deseo de otro».

La voluntad de ser diferente vive de la mentira de la igualdad radical de los seres humanos, convertidos de ese modo en clones unos de otros. La paradoja es que mientras que no veo que estoy ciego, sigo ciego. Mientras que si veo que soy ciego, es señal de que veo.

Muchas personas al leer este libro descubrirán que hasta ahora estaban ciegas a las leyes del mimetismo.

Las estrategias de coquetas, mujeres fatales, chicos malos y tipos duros nos muestran cómo hemos llegado a vivir en la mentira bajo apariencia de verdades que nos hemos contado: esa originalidad, creatividad, peculiaridad, genio, autonomía, rebeldía excentricidad dejan traslucir el mito generalizado del individualismo en el que nos movemos.

Nos susurran la verdad de lo que no queremos ver ni oír.

Ciegos y sordos voluntarios al pretender que vemos y oímos, seguimos en la negación de la verdad última que consiste en aceptar que, al final, todos somos muy parecidos, por no decir idénticos en lo esencial.

En la búsqueda de la propia identidad, los seres humanos desean hacer algo por lo que se les distinga. Ser alguien «distinguido» es un trato de cortesía que en español, significa, ser alguien de calidad. *Distinguirse* consiste básicamente en hacer algo que los demás reconozcan y que nos convierta en diferentes a ellos

El romanticismo vigente en la sociedad niega esta verdad. Esta forma de entendernos a nosotros mismos nos conduce directamente a creer en el mito de la autosuficiencia y en la existencia de un YO dominante y solipsista del que dimana una supuesta originalidad y autonomía en la elaboración de nuestros deseos y objetivos.

Es en la búsqueda y captura de ese YO mítico en el que todos los modernos y románticos individualistas que somos fracasamos.

Ante el vacío existencial de contemplar que nada de tal naturaleza existe en nosotros, sentimos la angustia de no saber quiénes somos y por lo tanto no saber lo que desear, y terminamos echándonos en brazos de los deseos de los demás.

Puesto que los demás hacen lo mismo con nosotros, terminamos consensuando una loca realidad en la que la vida es un sueño compartido. Una *folie à deux* en la que participa todo el mundo. Esa y no otra es la ley del otro.

El otro está siempre presente configurando mi deseo o llevándome a ser deseado por su deseo. La desazón interior que propicia cualquiera de estos dos procesos es enorme.

Los individuos niegan ese vacío existencial y huyen de él en un intento de trascendencia horizontal: quieren convertirse en otros o quieren que los otros se conviertan en ellos.

Un proceso especular, realimentado por el mimetismo y las neuronas espejo, tiñe muy pronto las relaciones humanas, no solo las de pareja, sino todas las demás, de envidia, resentimiento y violencia.

La modernidad romántica condena a los seres humanos a convertirnos en individuos o morir en el intento.

La mayoría no puede hacer sino lo segundo, debido a que «el individuo», tal y como se nos ha intentado presentar, sencillamente, no existe. Somos más bien *interviduos*, es decir entidades resultado de la conjunción de los deseos de los otros proyectados delante de nosotros, y asimilados e internalizados como partes de nosotros mismos por la ilusión mimética.

La idea de que somos solipsistas burbujas herméticas, con propiedades intrínsecas originales y genuinas, condena a sufrir recurrentes crisis existenciales a quienes por más que lo intentan no descubren dentro de sí mismos nada más que vacío, una vez que retiramos la tramoya del mimetismo y sus efectos artificiales.

Intentando escapar de ese vacío existencial, cada uno parte en una loca expedición que le lleva a salir de la verdad y de la realidad.

Presuponer románticamente que algunos individuos sí disponen de esa autonomía de la que uno carece nos lleva a procesos de amor tóxico, buscando en coquetas, tipos duros o personas originales y excéntricas lo que no existe en ningún sitio.

La autonomía, independencia e indiferencia que supuestamente otros poseen nadie la tiene en realidad. Y por ello nuestra máquina de desear y su mecanismo mimético se ponen a buscar posibles modelos, intentando convertirnos en ellos, copiando y pegando lo que desean.

Esa insuficiencia radical del ser solo procede de una idea loca y romántica tan extendida que resulta epidémica.

En un mundo en el que la autonomía del deseo es imposible, la búsqueda de la autonomía lleva a caer aún más en la ley del otro con resultados catastróficos. En esa aventura de convertirse en alguien, la alternativa es sencilla: conducir o ser conducido por el deseo de otro. Adorar o ser adorado al otro como dios.

Quien no se desea a sí mismo, en el fondo, ya solo aspira a ser deseado por el deseo del otro. En lugar de universalizar esta íntima experiencia, y aceptar esta humillante verdad, creemos míticamente que lo que no tenemos nosotros, algunos otros sí lo poseen.

Opinamos que el narcisismo es verdad, pero siempre en otros.

Todo ello nos conduce al resentimiento, a la envidia fruto del deseo de ser ellos.

Partiendo a hacer la guerra contra esos gigantes e inflados egos que siempre van *sobrados*, terminamos convencidos de su mítica existencia.

Al igual que don Quijote, es arremetiendo contra los pacíficos molinos de viento, como terminamos convencidos de que son auténticos gigantes los que nos derrotan.

La mutua mirada fascinada de los que creen míticamente en la autonomía e independencia del YO del otro asegura la pervivencia de la locura colectiva de una sociedad en la que todos están continuamente intentando, desde la envidia y el resentimiento, convertirse en el otro.

La coqueta es la que mejor lo ha entendido y elige conducir los deseos de los demás. Antes que ser conducida ella misma por deseos ajenos intenta someter a los demás a su ley, haciendo que los demás la deseen. Incapaz de valorarse en verdad, toda coqueta debe saber simular que dispone de una extraordinaria y formidable estima de sí misma, que sea susceptible de atraer el deseo de los otros. Para eso debe desplegar un verdadero dominio y control de sí misma y de su deseo. Su estrategia requiere la contención y ascesis de su propio deseo.

Nunca puede dejarse llevar por su deseo.

Su indiferencia, el repliegue interior, la disimulación de deseos que posee hacen nacer la pasión en los demás y fomentan que estos se sometan a su ley.

Y, sin embargo, la coqueta, a pesar de su aparente indiferencia, sabe que todo lo que logra procede de la extraordinaria manipulación del deseo del otro que consigue su estrategia, y no de su intrínseca capacidad de ser amada por quien ella es.

Por ello, se desprecia a sí misma y desprecia aún más a aquellos amantes que una y otra vez caen embelesados por sus finas maneras y refinados fingimientos.

Su aparente autoestima que le garantiza el éxito en la manipulación de los demás, convirtiéndolos en dóciles amantes, termina aumentando un sordo resentimiento y desprecio por sí misma que crece con el tiempo.

Su estrategia de éxito aparente le conduce al fracaso.

YOLANDA, LA MUJER FATAL

Yolanda tiene solo veinte años. A pesar de que no es de las más bellas o agraciadas, lo cierto es que tiene un enorme encanto que atrae las miradas de los chicos.

Es la reina de todas las fiestas y reuniones sociales. Los hace bailar al son de su música. Su felicidad, apertura y sensación de «ir sobrada» cautivan a todos los posibles pretendientes, que la ven como un ser inalcanzable.

En la cotización social de las chicas populares, ella es el valor más alto.

Y es que, en su fuero interno es consciente de que ningún tío puede resistirse a ella. Sabe lo que tiene que hacer cuando decide que uno de ellos caerá en la red de su fascinante encanto.

Conoce todos los trucos para conseguirlo, como dice ella.

Sobre todo el que resulta infalible: dedicar todo su desdén, ignorancia supina e indiferencia a la persona que ella elige cada vez como diana.

Ángel es el pobre incauto que ha sido elegido hace poco. Como las demás víctimas depredadas por Yolanda, Ángel también pasa por varias etapas. Primero, siente extrañeza y desazón al verse relegado, ignorado y desairado a cada paso por ella. Se siente confuso, pues no ha hecho nada para merecer tamaños desprecios.

Yolanda habla con todos menos con él, se ríe con lo que cuentan sus amigos, mientras que cuando él habla mira a otro sitio, aparentando aburrirse soberanamente. Varias veces ha comprobado que Yolanda bosteza tan pronto él toma la palabra.

Entonces crece la curiosidad de Ángel por Yolanda, una chica en la que apenas había reparado nunca y que, ahora, de repente le distingue a él con el «látigo de su indiferencia».

Ángel se pregunta el porqué de ese desdén y desinterés. Su curiosidad crece y le lleva a acercarse a ella para intentar saber el motivo que le lleva a portarse así con él.

Desea conocer por qué es maltratado.

Su curiosidad se transforma en enfado y resentimiento contra ella.

Sin embargo, cada vez que intenta establecer contacto con Yolanda por mail, teléfono o en persona, recibe un jarro de agua fría. Una mala cara, una mala contestación o simplemente el pasotismo y la indiferencia hacia él.

Ella nunca le contesta a sus requerimientos.

En Ángel crece la sospecha de que la mala actitud de Yolanda hacia él es algo que nace de su propia incapacidad para merecerla como amiga.

Durante innumerables noches se obsesiona pensando si ella es buena o mala persona.

Aunque Yolanda nunca le había gustado, se sorprende a sí mismo imaginándose saliendo con ella como pareja. La ve en un pedestal de divinidad al que él, pobre mortal, no puede acceder.

Al cabo de un tiempo, se siente enamorado de Yolanda. La sensación de enamoramiento crece en la misma medida en que ella le sigue dando cada vez más «caña», negándose a contestar a sus mensajes, verle o hablar con él.

Al cabo de pocas semanas, sus amigos y su familia creen que Ángel ha perdido el juicio. Ya no duerme por las noches, dándole vueltas en su mente al tema de su amor por Yolanda.

Ha «cortado» con la chica que era hasta ahora su novia porque todo este tema le ha trastornado mucho. Ya no le interesa nada ni nadie excepto la fatal Yolanda que sigue sin hacerle ni caso.

→

Ha abandonado incluso su trabajo porque dice que ya no está motivado.

Finalmente, al cabo de mucho pensarlo y de hablarlo con su más íntimo amigo, se decide a declarar su amor a Yolanda en persona e intentar dar un paso definitivo para que ella le acepte como pareja.

Yolanda se ríe de todo esto.

Para ella no es más que un juego.

Ángel nunca le ha interesado sino como un cobaya más en su laboratorio. Le sirve para demostrarse a sí misma que puede conseguir a cualquier tipo que ella se proponga.

No es el primero que ha caído en sus redes. Ni será el último. Jugará a este juego con Ángel durante un tiempo más, mientras a ella le divierta o convenga, le cuenta a la única amiga que tiene, su psicóloga clínica. Después ya verá lo que hace con él.

Lo más probable es que, después de usado, del modo que ella vea conveniente para sus intereses, lo mismo que a los demás *hombres-kleenex* (así los llama Yolanda), deje tirado en la cuneta a Ángel.

Ángel pasará a ser un juguete roto más del capricho de la fatal Yolanda. Ha enloquecido por lo que él cree ser una pasión amorosa pura y está perdidamente desesperado por la posible pérdida de ese ser único y divino que le ha tenido y mantenido en vilo tantos meses, para después soltarlo.

Analizando con su psicóloga lo que siente al hacer esto, Yolanda dice que tiene una sensación de inmenso poder y control sobre la vida de los tíos que caen en ese juego, y que experimenta al mismo tiempo un enorme desprecio por ellos.

Al profundizar con su terapeuta en estas experiencias con los hombres a los que consigue tan fácilmente, Yolanda reconoce que ninguna de estas relaciones le ha producido nunca una verdadera felicidad. Todo lo más cierta satisfacción para su ego.

Dice que sabe cómo conseguir «cualquier fruta en ese mercado barato que son los tíos que ella sabe manipular». Añade que lograr a cualquier tío no depende más que de saber cómo administrar bien los tiempos y tocar las teclas adecuadas.

Le confiesa a la psicóloga su truco: «Mi método secreto es darles caña y que nunca sepan de mi interés por ellos. Todo lo demás es pan comido».

Sin embargo, a pesar de dominar la técnica de la seducción desde la manipulación, Yolanda dice que no se valora mucho a sí misma. Siente que verse obligada a recurrir a esos trucos y a manipular así a los hombres para que estén con ella es un síntoma indudable de su escaso valor real como mujer. Dice a su psicóloga que, con el tiempo, los innumerables éxitos que ha cosechado con los hombres, arrastrándolos en pos de sí, le han sembrado la duda y que ya no aguanta más este tipo de vida. Desea lo que nunca ha tenido en verdad: una relación de amor auténtico pero siente que no sabe cómo conseguirla.

Al final, Yolanda también está experimentando en su vida la misma desesperación que las incautas víctimas de su capacidad de manipulación. Cuantos más éxitos consigue, menos tiende a valorar lo conseguido y a sí misma.

Un caso de narcisismo extremo: el psicópata y el Amor Zero

Ya he dedicado mi libro anterior, *Amor Zero*, a analizar el problema de las relaciones de pareja con psicópatas, por lo que aquí voy a limitarme solamente a dar la explicación de por qué se produce este terrible enganche desde el punto de vista del mimetismo.

Todos los psicópatas pueden ser definidos sin exageración como puros parásitos del deseo. Necesitan y viven de concitar el deseo de los demás de un modo patológico.

Opera en el caso de los psicópatas como atractor mimético un tipo de narcisismo extremo o narcisismo maligno que, en esta ocasión, no es producto de la disimulación de una coqueta o un *bad boy,* sino de una verdadera naturaleza oscura de un ser que carece por completo de empatía y emociones.

Esta absoluta incapacidad de reciprocidad que los psicópatas presentan les convierte en valores altamente cotizados debido a la acción automática de las neuronas espejo de las personas que pasan a ser sus víctimas.

En este sentido, son verdaderos agujeros negros que no irradian ningún tipo de luz y que absorben gravitacionalmente a todo aquel que se ponga lo más cerca posible de su acción fatal.

Desde hace años me encuentro con víctimas de psicópatas integrados en el trabajo y en la vida familiar. Siempre me llama poderosamente la atención la capacidad acreditada de estos seres de enganchar en lazos amorosos a todo tipo de personas, de toda cultura, raza, nivel intelectual, situación social.

Son tan peligrosos porque su naturaleza fría e implacable (no son enfermos, no están locos) y su modo de actuar indiferente y egoísta les convierte de facto en las más fascinantes coquetas y en los más implacables *bad boys*.

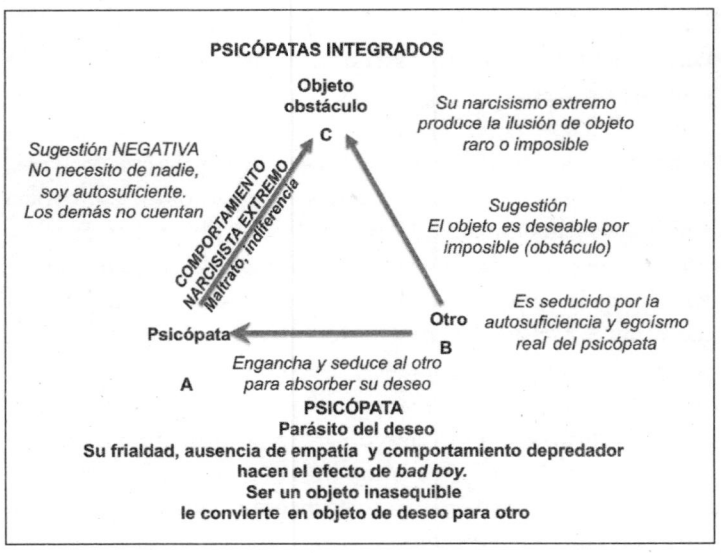

La adoración del dios satánico

El enganche con un psicópata integrado en una relación de pareja produce la experiencia más devastadora de todas.

La primera fase en la que seducen a sus víctimas da paso a la segunda en la que comienza el descarte y estas empiezan el calvario del Amor Zero.

La seducción psicopática obliga a la víctima a salir de sí misma. Abandonarse al tsunami de almíbar y al bombardeo de amor inicial es el modo en que las neuronas espejo de las víctimas traicionan el sentido común de estas y le hacen segregar al cerebro emocional el famoso elixir del enamoramiento: la feniletilamina.

La seducción psicopática saca a la víctima de su vida, de sus intereses, de su autocuidado y de ponerse en primer lugar en su relación.

Esa salida de sí misma en pos de un falso dios es un auténtico cuelgue psicológico. Su efecto psicológico es la pérdida del YO de la víctima, que desaparece y queda sustituido por una versión disminuida de sí misma.

La promesa detrás de la seducción es siempre falsa, pues forma parte de la estrategia de enganche de un psicópata. Aceptar esa mentira no suele ser difícil en el caso de las personas que presentan vulnerabilidad psicológica por variadas razones. Conocemos cómo los psicópatas seleccionan como objetivos a personas con heridas emocionales en su pasado: antiguos niños procedentes de familias disfuncionales, personas que atraviesan por duelos, rupturas traumáticas, etc.

Adorar a ese nuevo dios es el precio que deben pagar por creer en la promesa de redención que todo psicópata lanza como anzuelo.

Sin embargo, el dios que adora la víctima de un psicópata es un dios terrible y sacrificial al que finalmente hay que ofrecer constantes sacrificios y al final siempre la propia autoinmolación. A pesar del sufrimiento que experimentan en las relaciones amorosas, no son capaces de desengancharse pues repiten un ciclo habitual en toda situación de maltrato, en el que cuanto peor son tratadas más crece la intensidad del deseo mimético por el maltratador.

La violencia y el maltrato ejercen un efecto terrible en las neuronas espejo, que conduce al mismo tiempo a la internalización de la culpabilidad y la adhesión y apego creciente al maltratador.

Ya no es necesario recurrir a abstrusas teorías míticas para explicar el apego al perpetrador psicopático. Las neuronas espejo y su funcionamiento desde el mimetismo revelan con sencillez las cosas que antaño permanecían como inexplicables en el comportamiento de las víctimas.

El infierno psicopático del Amor Zero

La mayor parte del tiempo la víctima del Amor Zero desconoce su pasión por el mal y su apego y adoración a un dios satánico hasta que es demasiado tarde para ella. Solo una consumada destrucción de su autoestima, su salud y todas las demás cosas suele llevar a la víctima a caer en la cuenta de este proceso.

El halo y la imagen de falso dios con los que todo psicópata se adorna lo colocan como objeto de adoración de sus víctimas incautas.

Para el psicópata integrado, la única preocupación es que nadie pueda usar el objeto de su seducción y que, cuando termine de usarlo, no esté disponible para nadie más. Pretende ser adorado en exclusiva y exige para ello la destrucción final de su adorador.

De ahí procede el eterno retorno y los tanteos posteriores a las rupturas: le sirven al psicópata para confirmar la destrucción de la antigua pareja amorosa. Para verificar que no levantará cabeza ya, y que por tanto no podrá adorar a nadie más.

El psicópata necesita ser adorado (deseado miméticamente) como un dios y para ello no duda en sacrificar a su adorador en el altar diario de su menosprecio y de sus constantes hostilidades, manipulaciones, traiciones y mentiras.

El adorador vive en el espejismo de que su psicópata es realmente un ser único y excepcional (un ser divino). Recibe una confirmación constante de todo ello por esa sensación interna de amor pasional o enamoramiento que experimenta y que no es sino un artefacto suscitado por el maltrato y la indiferencia con que le obsequia el psicópata a diario.

Cuanto peor es tratada la víctima, más enamorada se siente. Esto marca la locura amorosa más peligrosa de todas. Consagra una situación de balanza en la que la víctima lleva las de perder.

La divinidad que experimenta el psicópata como objeto de adoración y enamoramiento creciente por parte del otro no tiene más punto de apoyo real que la desesperación y el sufrimiento emocional de su esclavo.

Y a eso dedica todas sus fuerzas todo psicópata: las estrategias para seguir parasitando el deseo de su víctima pasan por convertirla en un sujeto siempre con la lengua fuera.

La técnica preferida del psicópata para conseguirlo es la triangulación, es decir, la utilización de los triángulos miméticos de forma sistemática y deliberada de manera que le sitúen siempre en la posición de objeto de rivalidad de muchos.

Se suceden así mentiras, infidelidades, traiciones, malos tratos, etc. que procuran a los psicópatas mantener activo el deseo de sus víctimas (frecuentemente muchas a la vez) por ellos.

Lo que no sospechan las víctimas es que el dios psicopático es tan dependiente de ellas como ellas de él.

Cuando, por fin, la víctima despierta de su trance y reconoce el infierno mimético que está viviendo en el Amor Zero, es capaz de romper esa vinculación practicando la técnica del contacto cero.

El contacto cero (véase mi libro *Amor Zero*) es la única forma de interrumpir el suministro de emociones dolorosas que necesitan los psicópatas para sentirse divinos.

El único modo de desobedecer a los parásitos del deseo cuando nos ordenan que los deseemos por activa (enamoramiento) o pasiva (odio y resentimiento) es no tener ningún contacto con ellos.

El contacto cero para siempre jamás es lo único que no soportan los psicópatas, pues les arrebata su fuente de energía.

Por eso tenderán a restablecer contacto de mil maneras con sus víctimas porque saben que las necesitan y además que ganarán siempre a cualquier juego que jueguen con ellas.

Necesitan ser adorados o ser odiados como modo de bombear de sus víctimas la energía mimética parasitaria de la que viven.

Carecen de emociones y por eso las sustituyen por las que vampirizan de sus víctimas.

La salida de esa situación suele requerir apoyo especializado para superar la adicción y el trauma relacional de tipo II que generan siempre los psicópatas integrados en sus parejas.

13

QUINTA TRAMPA: EL *PAGAFANTAS* O MÁRTIR DEL AMOR

Solo hay un objeto cuyo valor el masoquista se considera capaz de estimar: este objeto es él mismo y su valor es nulo.

RENÉ GIRARD

«Amar a alguien porque necesito sentir que me necesita»

¿Eres de los que creen en aquello de «dar y dar a tu pareja hasta que duela»?

¿Eres sistemáticamente ignorado, humillado o menospreciado por tu pareja aunque sientas que tu comportamiento servicial no lo merezca?

¿Tienes la sensación de que tus parejas te utilizan como una especie de servilleta de usar y tirar?

¿Te ocurre habitualmente que tus necesidades no cuentan para nada en la mente de tu pareja?

¿Sientes una tendencia obsesiva por ayudar, cuidar, proteger, servir, o mantener a tu pareja, sin recibir tú nada a cambio?

¿Caes una y otra vez en relaciones tóxicas con personas egoístas, crueles o sin sentimientos hacia ti?

¿Crees que el verdadero amor no puede existir sin sufrimiento o dolor?

Entonces, no hay ninguna duda. Eres un *pagafantas*.

Pagafantas, se dice de aquel ser ingenuo y bonachón que ha terminado confundiendo el amor con el sufrimiento y la renuncia a todas y cada una de sus necesidades existenciales, sobre todo a una: el derecho a ser amado y cuidado por su pareja.

Para un *pagafantas*, el verdadero amor pasa por ser usado por el otro como un puro *objeto* que se ha destinado exclusivamente a su egoísta servicio. El correlato femenino al *pagafantas* es lo que se conoce también como *alma mater* o «madre nutricia».

Un *pagafantas* o un *alma mater* pretenden colocarse de forma deliberada al mismo nivel de utilidad que un mero objeto. Se trata de hacerse perdonar la vida por existir. Y, para conseguirlo, se convierten a sí mismos en objetos de usar y tirar.

Al igual que un objeto, el *pagafantas* no plantea jamás sus necesidades a su pareja. Mucho menos pelea por ellas. No siente siquiera que tenga derecho a ello. Renuncia previamente a su existencia como individuo con sus propios derechos y necesidades.

Para un *pagafantas matriculado* se trata de dar, dar, dar y dar siempre más y mejor… Dar hasta que duela. Y, por supuesto, que al final… ¡le duele!

Le duele la dureza, frialdad, insensibilidad y egoísmo de su pareja. El sufrimiento que obtiene de su relación le prueba que eso, y no otra cosa, es… ¡¡¡verdadero amor!!!

El lema del *pagafantas* es «necesito que me necesites».

El hecho de ser necesitado por el otro es para el *pagafantas* el síntoma del amor.

Esto es un error pues la experiencia del amor no es equivalente a ser necesitado por tu pareja, sino a ser *amado* por ella.

Su aparente dedicación y servicio a los demás (hasta que duela) traduce en el fondo una profunda dependencia emocional que es el problema nuclear de todos los *pagafantas* y *alma mater*.

Su dependencia, aun así, no resulta evidente para ellos y suelen encubrirla con un autoengaño permanente.

Su enorme corazón, unido a su formidable capacidad para intuir lo que el otro necesita e inmediatamente proveerlo de ello, así como su infinita tolerancia a la frustración (de ver una y otra vez que sus parejas pasan de ellos o los ignoran), les llevan con frecuencia a considerarse a sí mismos como una especie de «mártires del amor». Mártires de un amor asimétrico sin reciprocidad alguna.

Resulta patético escuchar en la consulta las racionalizaciones o falsas teorías que utilizan los *pagafantas* para sobrevivir a su recurrente experiencia de ser una y otra vez olvidados, ignorados y ninguneados por sus parejas.

Puesto que no hay gratificación alguna para ellos salvo en subvenir a las necesidades de los otros, los *pagafantas* racionalizan que «quieren tanto a sus parejas» que dejan de existir como seres humanos, renunciando a esperar nada de ellas. Su dedicación aparenta ser un amor inconmensurable.

Han dejado de ser voluntariamente seres humanos con sus propias necesidades y se encuentran «al servicio de».

Abdican de su derecho a la felicidad que consiste en esperar ser amados por el otro. Se conforman con el sucedáneo de «ser necesitados».

Una vez más, el mecanismo que opera en los *pagafantas* no es otro que el mimetismo.

En algún momento de su existencia, y por diferentes razones, tiraron la toalla respecto a la posibilidad de ser felices en el amor y de obtener gratificación de sus parejas. Por ello cambiaron su estatus al de «objeto al servicio del otro». Sus propias necesidades, anhelos, deseos o sueños no cuentan. Tan solo se valoran los que proporcionan la felicidad al otro.

La satisfacción de las necesidades del otro es el modo de satisfacer las propias. «Su felicidad es mi felicidad», te dicen.

Un *pagafantas* o un *alma mater* son, por tanto, unos perfectos complementos para todos aquellosególatras que desean disponer de un sirviente o esclavo gratis.

En su actitud de servir, ayudar y ser usado a fondo perdido por sus parejas no suelen recibir la respuesta recíproca. Cometen el error fundamental de esperar que su pareja les imite en su deseo de

ayudar y servir a las necesidades del otro. Albergan la secreta esperanza de que algún día sus desvelos y sacrificios obtendrán la
recompensa de ser imitados. Intentan rendir al otro a golpe de
harakiris. Y claro está, eso no funciona.

¿Falla aquí la teoría mimética? ¿Cómo es que sus parejas no
les imitan? ¿Teniendo un modelo de bondad y servicio a imitar
tan cerca, como es que sus parejas jamás sucumben y comienzan a
ser tan amables y considerados como sus *pagafantas*?

La explicación procede de la propia teoría mimética.

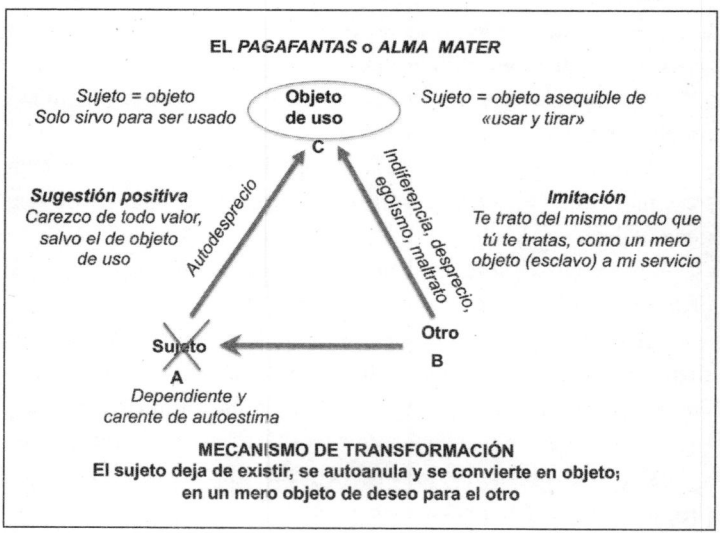

Tal y como se ve en el esquema, en el caso del *pagafantas* se
produce un mecanismo de transformación.

Debido a diferentes razones, en el *pagafantas* opera de un
modo inverso la estrategia ya analizada de la coqueta. Tal y como
vimos en el capítulo anterior, la coqueta intenta suscitar el deseo
del otro por ella transformándose a sí misma también en un «objeto»: pero en un objeto inasequible o «imposible».

El *pagafantas* hace lo contrario. Intenta convertirse en un objeto superasequible del deseo del otro. En este caso, el *pagafantas* pretende arrastrar miméticamente el deseo del otro a base de transformarse de sujeto en objeto. Un objeto totalmente asequible, utilizable y a disposición permanente del otro al que pretende seducir de ese modo indirectamente.

El problema es que se convierte en un objeto tan fácil de usar, tan disponible, y tan barato… que nadie en su sano juicio podría valorarlo como digno de ser amado. En todo caso, sí de ser utilizado.

Recordemos que todo deseo por un objeto sigue las leyes del mimetismo que ya hemos explicado. Los obstáculos, su escasez o limitación incrementan la intensidad del deseo, mientras que su facilidad, abundancia o elevada disponibilidad la reducen.

Del mismo modo que en la economía la escasez de un bien es sinónimo de su alto precio en un mercado, la abundancia del servicio de ayuda que un *pagafantas* está dispuesto a aportar «siempre y en todo lugar» a su pareja explica que su valoración no puede sino tender aún más a cero.

La paradoja está servida.

Cuanto más lo intenta, peores resultados logra el *pagafantas* en materia de incremento del deseo del otro por él.

El mecanismo que lleva a que la valoración de una *coqueta* escale hasta el cielo en la cotización social de sus pretendientes explica que los torpes intentos del *pagafantas* no consigan más que resultados nefastos y crecientemente catastróficos en su valoración. Por eso el *pagafantas* va operando de derrota en derrota, hasta la derrota final.

Su cotización siempre cae inexorablemente más bajo en el mercado de su relación con el otro.

El uso y disfrute ilimitado de su tiempo, su dinero o sus capacidades por el otro no le conducen a una mejor valoración por parte de este. Antes bien, su disponibilidad, ayuda, generosidad, son valorados por su pareja como propias de un estúpido, un simple, una persona patética o… un *pagafantas*.

La moneda con que su pareja amorosa suele retribuir los incontables servicios de un *pagafantas* ofrecidos en barra libre es el menosprecio, la ignorancia, cuando no el abuso psicológico y emocional, llegando incluso a veces al maltrato físico.

Un *pagafantas* debería hacerse consciente de que lo que imita su pareja finalmente no es su actitud de servicio y ayuda, sino el infinito desprecio que el *pagafantas* siente hacia sí mismo desde el mismo momento en que desaparece voluntariamente como sujeto para convertirse en objeto de uso. Esa disponibilidad infinita y «hasta que duela» del «objeto para el otro» en que se convierte suele llevar a que sus parejas no muestren valoración ni aun respeto alguno por un artículo de tan barato consumo.

Es así que los *pagafantas* son considerados por potenciales parejas como «meros objetos» de «usar y tirar», que no valen ni para el reciclado.

Es muy habitual que un *pagafantas* no progrese jamás más allá de la denominada «zona *friend*», no pudiendo ser más que un mero *buen amigo*. Sus potenciales parejas se dan cuenta de que la cargante actitud del *pagafantas*, aparentemente tan servicial, atento y obsequioso con ellas, procede en realidad de un secreto desprecio de sí mismo y de una lamentable dependencia emocional que nunca puede ser atractor mimético para nadie. Todas sus rémoras, conflictos y complejos psicológicos son los que le inducen a convertirse de forma voluntaria en un esclavo de uso y abuso al servicio de otro ser humano. Pretende revestir esas carencias como si fueran virtudes. No es virtud, sino necesidad del deseo del otro lo que traduce esa supuesta actitud de servicio a ultranza.

Lo que la coqueta oculta a los ojos de todos con su estrategia de disimulada indiferencia (que encubre el sentimiento de inadecuación interior que les lleva a necesitar también del deseo de los demás) resulta muy evidente y visible para cualquiera en el *paga-fantas*. Se le ve claramente el *plumero*.

Y en eso reside precisamente el craso error del *pagafantas*. Un error estratégico que paga también de un modo mimético.

Ponerse como un objeto «al servicio de» otros le granjea una caída tal en la *cotización bursátil* de las relaciones que nadie en su sano juicio querría aceptar un *partner* así, a no ser... para servirse y aprovecharse de él.

La mayoría de los seres humanos normales pasan de los *paga-fantas*, a no ser que los necesiten.

De ahí el destino trágico de algunos *pagafantas* que terminan en relaciones de largo plazo como proveedores infinitos del cuidado de los demás a todos los niveles.

Lo que espera a uno de estos *pagafantas* matriculado es atraer sobre sí a todo tipo de *partners* que van desde los más insensibles, indiferentes y pasotas, hasta los más oportunistas, parásitos o incluso psicópatas. No es extraño que muchos psicópatas escojan como pareja de largo plazo a un *pagafantas* o un *alma mater*.

La astuta estrategia de la *coqueta* producía, tal y como se vio, un efecto de fascinación, atrayendo a incautos admiradores y pretendientes.

Pero la estúpida estrategia del *pagafantas* al ponerse a la altura de una alfombra y ser pisoteado por el otro (para, de este modo, atraerlo), le pone a tiro de las peores parejas que imaginarse pueda. Nadie ama a un felpudo. Nadie se enamora de una muleta. Se usa y punto.

Las consultas de los psicólogos están llenas de este tipo de personas, devastadas por años de sufrimiento a manos de una interminable secuencia de relaciones tóxicas con la peor gentuza, a la que «sin saber cómo» una y otra vez han terminado atrayendo sobre sí mismas.

Cuando por fin le explicas a un *pagafantas* el verdadero origen de sus males, no puede evitar un cabreo consigo mismo por haberse equivocado durante tanto tiempo en su estrategia en asuntos amorosos.

Un *pagafantas* no elige jamás a su pareja.

No tiene derecho a ello.

Se siente afortunado de ser elegido por otros. Estará encantado de que alguien le elija sin siquiera plantearse si esa otra persona pueda llegar a convenirle.

Es el otro el que tomará el objeto *pagafántico* o no según su conveniencia y su personal interés o servicio. Serán así innumerables los hombres y mujeres sin moral ni escrúpulos que incorporan a un *pagafantas* en sus vidas. Adoptar un *pagafantas* es siempre interesante para poderlo exprimir y explotar económica, afectiva y sexualmente durante años o incluso durante toda una vida. Tener un dispensador de atención, servicios y cuidados a modo de chófer, cajero automático, mecánico, enfermera, cocinera, cuidadora 24 horas, 7 días a la semana, es siempre muy interesante.

Muchas son las mujeres que repiten un patrón *alma mater* de abuso emocional y de maltrato en sus relaciones con varones tóxicos, pero también ocurre al revés.

También hay mujeres que calculan y entienden ser siempre una buena apuesta tomar como objeto a su servicio a un pobre varón *pagafantas* al que primero pueden usar a modo de *semental* para *fabricar* unos hijos y después utilizar como esclavo económico doméstico del que vivir parasitariamente durante el resto de su vida, con o sin divorcio por medio.

Vemos a muchos de estos varones *pagafantas* de mediana edad, reducidos a la impotencia psicológica total, preguntándose en total confusión qué han hecho mal o en qué se han equivocado. Suelen nutrir nuestras consultas muchos de ellos, que, confusos y desesperados, se muestran incapaces de entender el origen de un recurrente sufrimiento que les acompaña de pareja en pareja.

El problema principal de un *pagafantas* es que no entiende la diferencia entre la necesidad de ser amado y la necesidad de ser útil.

Para él, ambas cosas son lo mismo. Esta confusión le lleva a aguantar lo inaguantable. Le conduce a realizar todo tipo de sacrificios y renuncias a favor del otro. Terminan identificando amor y sufrimiento. Racionalizan que «Quien bien te quiere te hará llorar».

A lo largo de innumerables relaciones fracasadas no conocen más que sinsabores y desplantes a manos de *partners* que los ningunean, ignoran, humillan y se ríen de ellos, para finalmente descartarlos.

Al cabo del tiempo, creen que el amor consiste en sufrir unilateralmente por el otro.

Les falta entender algo esencial. Y es que el verdadero amor de pareja exige la reciprocidad. En una relación de pareja se trata de dar y recibir amor. Dar sin límites y sin reciprocidad es algo equivocado siempre. El amor verdadero no es una ciega entrega y un servicio autosacrificial con el que un *pagafantas* se inmola cada día en el altar ardiente de los deseos y caprichos de su cada vez más egoísta e insensible pareja.

El problema es que un *pagafantas* no espera la reciprocidad. Ni siquiera imagina que tenga derecho a ser tratado en correspondencia por parte de su pareja. De ahí que siente que siempre debe pagar la ronda (de ahí procede el nombre paga-fantas). En realidad, siempre paga todas las rondas.

Sus necesidades están supeditadas y quedan subordinadas a las de su pareja. Su dinero, su tiempo, su atención y dedicación son bienes universalmente disponibles para la pareja del *pagafantas*.

Con tal de sentirse útiles o necesitados, pueden llegar a darlo «todo y más», quedando vacíos energéticamente.

La insensata determinación de proseguir en esa actitud suicida y continuar con las más tóxicas parejas, por mucho que estas los exploten sin piedad a todos los niveles, tiene su causa en la insensata creencia que alberga todo buen *pagafantas* de que todo amor verdadero implica sacrificio y dolor.

El grado de su amor es demostrable desde el dolor propio de su sacrificio y de la autoanulación que experimenta.

Cuanto más utilizado y manipulado sea por una pareja insensible y egoísta, más y mejor se cree amado. Cuanto mayor es el uso y el abuso, mayor es el amor, pues ser amado equivale a ser usado.

Tal insensatez no es exactamente una conducta masoquista. Actuando así, el *pagafantas* sufre de verdad y se siente vaciado de su propia energía.

No disfruta con el sufrimiento. Le duele de verdad. Llora, se desespera, padece en silencio, siempre creyendo falsamente que «ese es el precio del verdadero amor». Está convencido de que, puesto que es necesitado por un *partner* que abusa cada vez más, eso es la señal de que es amado.

Comete un típico y habitual error, observable en los más desgraciados casos, de continuar a toda costa encadenados a sus tóxicas parejas. Siguen unidos a ellas, a pesar de que sufre a causa de sus indiferentes y abusivas conductas.

Las tragaderas se vuelven así infinitas.

Cuanto mayor es el uso, el abuso y la utilización como objeto, a su servicio, menor es la probabilidad de que salga de esa toxicidad relacional.

Necesita desesperadamente ser necesitado, aunque eso le lleve a la infelicidad y al sufrimiento. Aunque signifique sacrificar su propia felicidad para hacer la del otro, eso no le importa. Lo da todo por bueno.

Es la necesidad de «ser alguien para alguien», la que le lleva a transformarse en un objeto de utilización a manos de otros.

Pero ser necesitado, aunque sea como un mero objeto en manos del otro, es un destino terrible. Estar siempre ahí para ayudar, servir, complacer y cumplir los más secretos sueños y deseos de sus parejas supone un desgaste inigualable.

Intentan vanamente ser imitados en su dedicación compulsiva por sus parejas, y desaparecen literalmente detrás de la satisfacción de las necesidades de aquellos a los que sirven hasta el paroxismo.

Explicar a un *pagafantas* que su estrategia es equivocada es el camino para ayudarle a salir del infierno relacional en el que vive.

Sin embargo, ello resulta muy difícil.

Tan solo una verdadera *conversión* consigue que la enorme capacidad de convertirse en «objeto de uso» de un *pagafantas* deje de funcionar en contra de sus intereses y de su misma felicidad.

La falta de autoestima y la ausencia de límites del *pagafantas*

La falta de autoestima de los *pagafantas* les conduce a nunca jamás decir NO a los demás. No saben sufrir o tolerar la tensión que supone poner límites al otro. El temor a perder la relación debido a su tremenda dependencia emocional de los demás les lleva a un pacto implícito por el que se someten voluntariamente a todo lo que el otro desee.

Si dicen «no» o restringen su capacidad de dar, el otro podría mandarles a la porra y cortar una relación que ellos necesitan mantener imperiosamente.

Solamente se puede uno proteger y poner a los demás límites en caso de tener algo que valorar o proteger. Y por eso la pobre autoestima del *pagafantas* le arrastra a no ser capaz de protegerse del egoísmo de los demás.

Convierten su incapacidad en un modo de ser con el que se identifican totalmente. Hacen de ella una especie de virtud, engañándose respecto al verdadero motivo de su comportamiento.

El amor al otro exige también poner límites a su natural egoísmo y decir «no» en algunas ocasiones a sus pretensiones y deseos. En la educación, decir «no» a los niños resulta esencial. El aprendizaje de patrones de realismo y respeto al otro en los niños requiere no permitirles todo.

Lo mismo que en la educación la ausencia de límites es una fábrica segura de actitudes y patrones psicopáticos en un niño, en la relación de pareja la ausencia de límites conduce al abuso y la instrumentalización del otro.

La actitud central del *pagafantas*: «Por favor, déjame ayudarte» es errónea si no hay nadie al otro lado que valore esa generosidad o entrega. Para dar algo a alguien, es necesario que esa persona esté dispuesta mediante una actitud de recibir.

El *pagafantas* quiere comprar su derecho a existir y a ser amado con su actitud de servicio y de generosidad. No obstante, dicha generosidad encubre un muy sutil contrato de compraventa.

Si el acto de amor es un intento de comprar el amor del otro, su destinatario lo nota y tiende a aprovecharse del error estratégico del *pagafantas*, haciéndole pagar cada vez más por menos.

De ahí que cada vez los *pagafantas* se esfuercen más y obtengan menos.

JOHNNY, UN *PAGAFANTAS* MALTRATADO

Johnny es un *pagafantas*. Es consciente de ello. Lo siente. Y para él no es algo malo, salvo cuando el maltrato de su pareja actual llega demasiado lejos. Es un buenazo y todos lo saben.

En su familia de origen jamás pintó nada. A diferencia de otros hermanos, en su casa nunca hubo dinero ni interés para que él hubiera podido estudiar. Desde pequeño se acostumbró a no pedir y a no molestar con sus necesidades. Empezó pronto a trabajar y descubrió que en el trabajo todos se aprovechaban de su bondad natural. Nunca aprendió a decir «no» a la gente. Eso le llevaba a dejarse pisar por todos. Siempre que algo salía mal, todos le echaban la culpa.

Siente que en todos sus trabajos hasta la fecha se ha convertido más tarde o más temprano en un chivo expiatorio contra el que todos cargan.

Su pareja actual es una mujer fría y desalmada que le trata a patadas. Es directiva de *marketing* de una gran empresa multinacional, en la que está muy bien considerada. Gana mucho más dinero que Johnny y se lo «restriega» por la nariz a cada instante.

Lo que él piensa, cree u opina no cuenta para ella en esa relación. Él es un mero esclavo a su servicio. Lo usa para todo lo que quiere. Actúa como su chófer particular a su capricho. Le limpia. Le hace la comida. Le cuida sus animales y plantas cuando ella viaja. Ella lo exige todo y le abronca por todo. Nada de lo que hace Johnny es de su agrado.

El maltrato es la tónica habitual en la relación. Ella grita y avasalla verbalmente a Johnny a cada instante. Él nunca replica. Solo calla y aguanta el chaparrón.

Ha llegado a agredir físicamente a Johnny en varias ocasiones. Sus ataques de rabia y violencia son cada vez más frecuentes.

La única vía de escape para él es la bebida y el tabaco. Fuma mucho y bebe cada vez más alcohol. Y lo hace a escondidas pues ella no se lo permite. Cada vez que le pilla bebiendo o fumando le echa una bronca monumental. Él aprovecha cada instante, incluso cuando baja la basura para tomar un par de cubatas y echar unos pitillos rápidos en el bar de la esquina.

Por todo ello, la salud de Johnny se va deteriorando. Su médico le dice que debe dejar el alcohol, el tabaco y la relación que mantiene con esa mujer maltratadora.

Sin embargo, Johnny siente que no es posible hacerlo. Nota que ella le quiere pues… ¡le necesita tanto! Ella no sabría vivir sin su ayuda.

Cuanto más sufre, más cree que vale su relación con ella.

Recientemente ella ha llegado a decirle con desprecio que no sabe cómo librarse de él. «Solo me queda saber cómo voy a librarme de ti».

Johnny sonríe y calla. En cuanto puede, limpia la cocina y baja la basura…

Evolución y final de la relación

No hay final feliz para los *pagafantas* ni para las *alma mater*.

Ellos, en el fondo, lo saben, cada vez más angustiados por el creciente maltrato verbal o psicológico que les propinan sus parejas.

El desgaste físico y emocional de un servicio que no tiene fin unido a que obtiene como respuesta actitudes cada vez más despiadadas, indiferentes o crueles por parte de sus parejas les convierte en un tipo de *burnout* relacional que muchas veces intentan sobrellevar incurriendo en todo tipo de adicciones secundarias.

Los *pagafantas* y *alma mater* más recalcitrantes están fosilizados en una actitud errónea que les lleva a creer engañosamente que su estrategia doblegará la insensibilidad de su pareja y que sus actos de servicio «a fondo perdido» resultarán finalmente ganadores produciendo sus frutos.

Imaginan que el otro será seducido y subyugado por su capacidad de autosacrificio. La experiencia muestra que esta es una vana pretensión.

Lo que el otro imita del *pagafantas* en realidad no es su comportamiento sino su actitud de autodesprecio, reproduciéndola contra él en forma de indiferencia y menosprecio.

El modo en que un *pagafantas* se olvida de sí mismo y se maltrata funciona como modelo de imitación para su pareja. Esta no tarda en emular su deseo por ser despreciado, despreciándole y usándolo a su vez como un puro objeto. Una verdadera profecía autocumplida.

La evolución que sufre este tipo de relación así como su final son bastante predecibles. Tiende a convertirse en una típica relación objetal en la que uno es un medio o recurso para uso y abuso del otro.

Pero ¿hasta cuándo? ¿Cuándo llega el fatal desenlace?

Tan pronto como el *pagafantas* (el objeto) deje de ser utilizable por obsolescencia, avería (vejez, enfermedad) o aburrimiento,

será abandonado por otro nuevo *pagafantas* que resulte más interesante. Será tratado como un mero «desecho de lidia».

El abandono por tedio o aburrimiento, por avería en el funcionamiento o por vejez u obsolescencia es el destino que aguarda
a todo *pagafantas* en sus relaciones.

Se cierra el bucle de la representación, que le confirmará su
más honda creencia: la de su propia inadecuación y falta de méritos para ser amado y la de su inexistente valor intrínseco como ser
humano. La profecía profunda se cumple al fin.

Cuanto peor es el maltrato, más difícil es salir de la relación: la disonancia cognitiva

La necesidad de consonancia cognitiva es, según el psicólogo Leo
Festinger, uno de los reguladores básicos de la motivación y de la
conducta humana.

La Teoría de la Disonancia Cognitiva (TDC) establece que todo
ser humano busca obtener una visión de la realidad y de sí mismo
consistentes. La TDC postula que si existen contradicciones entre
diferentes cogniciones, ideas o percepciones (en especial las que el
propio sujeto tiene sobre sí mismo, su propia ética, su responsabilidad
o su moralidad), se producirá un fuerte malestar y una tensión psicológica que las personas trataremos imperiosamente de reducir.

Restringir ese malestar emocional requiere disminuir o eliminar
las percepciones disonantes, llegando incluso a negar su existencia.

La necesidad de consistencia cognitiva supone una formidable tensión para el individuo y le obliga a desarrollar mecanismos
reguladores esenciales para la supervivencia del yo, sobre todo
mecanismos de negación y de distorsión de la realidad.

Cuanto más usado y abusado es un *pagafantas*, más crece la
disonancia cognitiva con la idea de lo que debería ser una relación
en la que la reciprocidad en el amor resulta algo esencial.

Para resolver ese malestar, en lugar de cuestionar si esa relación merece la pena, la tendencia a la consonancia cognitiva conduce al *pagafantas* a perseverar en su error. Descartará cualquier pensamiento crítico, propio o ajeno, respecto a la toxicidad de su relación. Pensará que todo lo que lleva sufrido en esa relación le hace que merezca más la pena continuar con ella pues todo eso no es más que «verdadero amor».

Años de sufrimientos procedentes de la utilización, el ninguneo o directamente el maltrato serán ignorados y reinterpretados por el *pagafantas* como una señal inequívoca del interés o necesidad que proceden del amor de su tóxica pareja.

Esto explica que al cabo de los años las posibilidades de que el *pagafantas* escape a su tóxica relación son menores que al principio. Lo más probable es siempre que sea finalmente abandonado una vez que ya no le sirva más a su pareja para sus fines.

El ciclo tenderá a repetirse toda vez que el *pagafantas* solo percibe el amor en aquellos que le usan como objeto.

Cómo es el aprendiz de *pagafantas*

Nos referimos aquí al eterno *amigo-útil-pero-nada-más* de la chica. Al chico que está todo el día pegado a una chica a su servicio como paño de lágrimas, taxista gratuito 24 horas, 7 días a la semana, consejero sentimental, recadero infatigable, manitas arreglatodo, y que la consuela, acompaña, cuida y mima pero sin ninguna posibilidad sentimental, afectiva y/o sexual con ella. Una verdadera *navaja de los mil usos*...

El chico quiere algo con ella, pero ella solo le ve como un mero amigo, como un hermano o un recurso a explotar en todos los sentidos posibles.

El aprendiz de *pagafantas* siempre está para todo, al servicio de su chica.

Le hace las mudanzas, le lleva al aeropuerto, le ayuda con las «mates», le hace los trabajos sucios de fontanería, le monta los muebles de Ikea y hasta le saca al perro y riega sus plantas cuando se va de *finde* con algún ligue que ha conocido por ahí.

Lo cierto es que este tipo de aprendiz termina al cabo del tiempo con la acumulación de frustraciones que ha cosechado a base de años de servicios prestados diligentemente, nunca reconocidos y aún menos valorados por aquellas utilitarias y prácticas amigas que siempre creyeron que era su derecho natural aprovecharse de aquel gentil mozo que la providencia ponía a su disposición.

Un joven *pagafantas*, ante el vacío existencial que nos aqueja a todos y el vértigo de no encontrar nada digno de valoración dentro de sí mismo, termina mimetizándose en objeto al servicio de su majestad... su chica.

No le importa que ella no le corresponda.

Tampoco que no valore sus repetidos servicios.

Menos aún le ofende que jamás ella se interese por sus propias necesidades y anhelos.

Él solo existe para servirla. Su lema es: «Vale solo quien sirve... como objeto».

Para un *pagafantas* junior, el amor verdadero es aquel que más sacrificios le cuesta, sobre todo si esos sacrificios demuestran una y otra vez ser perfectamente inútiles para suscitar en ellas la mínima correspondencia.

«El que la sigue, la consigue», se recuerda a sí mismo por dentro.

Y por ello va perseverando en su error, obcecado y yendo de derrota en derrota.

Persevera un camino plagado de sinsabores, desplantes, feos, ninguneos, humillaciones que acaban siempre del mismo modo... cuando ya no le necesitan...*ciao!*

Es la experiencia del abandono. «Al final, ellas siempre te dejan tirado», es su queja habitual.

Y no les falta razón, pues ¿quién querría tener como pareja a un perrito faldero o a una muleta?

Es entonces, el momento en que, en lugar de escarmentar y aprender de sus errores, el *pagafantas* junior se apresta a repetir la jugada. Se vuelve de nuevo un Sancho Panza a la búsqueda de nuevo «señor al que servir». Estará disponible para cualquiera que lo quiera tomar a su servicio, usándolo y explotándolo como objeto.

No será extraño que vuelva a encontrar a las más pérfidas y egoístas chicas como *partners* de ese baile relacional macabro. El paso del tiempo y la repetición de la misma experiencia una y otra vez con muchas chicas le llevan a la convicción de que él no vale gran cosa y que la única relación que puede tener con una chica interesante es la de convertirse en fiel criado para todo o en un sirviente complaciente.

Si nada lo impide, el *pagafantas* junior terminará enfangándose en relaciones tóxicas con los peores ejemplares de toda la fauna de las pérfidas y mujeres fatales de todo tipo.

Tendrá suerte si al menos no resulta ser una psicópata.

14

CÓMO ESCAPAR DE LAS TRAMPAS DEL AMOR: LA RENUNCIA AL MIMETISMO DESDE LA CONSCIENCIA

Reconocer que el objeto del amor romántico es una ficción creada por el mimetismo desde la consciencia

Quizás lo más humillante de todo el mensaje que contiene este libro es descubrir la mentira del enfoque romántico del amor.

La mentira del amor y el enamoramiento romántico nos invade por todos lados y es muy difícil salir de sus trampas e ilusiones.

Repasemos las cosas que han quedado claras acerca del funcionamiento del amor romántico.

Para empezar, debes aceptar que tu enamoramiento romántico no tiene fundamentación en ningún objeto amoroso que *per se* pueda suscitar en ti dicho sentimiento. Ese sentimiento es un auténtico *fake* o artefacto mimético creado por el proceso de copiado y pegado del deseo de otro al que has tomado inadvertidamente como modelo.

La intensidad de ese deseo que tú crees *enamoramiento* no es por lo tanto ningún criterio de autenticidad de un *verdadero amor* sino más bien *la prueba de un funcionamiento automático e inconsciente que no has controlado ni decidido conscientemente. De ahí la urgencia de retomar el control y la consciencia.*

Aun así, tus neuronas espejo actúan sin tu permiso, emitiendo hacia arriba en dirección al córtex cerebral todo tipo de racionalizaciones que te llevan a las atribuciones de belleza, estética, bondad, atractivo con las que adornan al objeto de tu deseo.

Relación entre el sistema espejo, neocórtex y sistema límbico

Lo que tomas por causas de tu enamoramiento no son cualidades intrínsecas del ser del objeto de tu amor, sino que la percepción de esas cualidades son secundarias a la copia del deseo de tu modelo.

No estás enamorado por causa de sus cualidades, sino que percibes sus cualidades debido a que estás enamorado.

Ya sé que esta inversión de causa y efecto es muy humillante. Sin embargo, es la verdad científica que arroja la teoría mimética de Girard aplicada a la locura romántica que nos invade.

Tu enamoramiento es tanto más intenso como el objeto es ficticio o inexistente, por eso se dice que el amor es ciego. No es que sea ciego el sujeto enamorado, es que el mimetismo le convierte en ciego. Lo que es invisible es el mimetismo que arma el enamoramiento y crea los diferentes objetos de deseo.

A tu enamoramiento no suele corresponder la existencia de un verdadero objeto amoroso con rasgos, aptitudes o características que sean amables *per se*, sino la presencia oculta de un modelo o de un rival (real o presunto), cuyo deseo por el objeto (real o presunto) arma el tuyo de un modo automático.

Abandonar esta esperanza romántica suele ser muy costoso porque preferimos la mentira romántica a la verdad de la realidad que nos devuelve tanto la ciencia mimética como los relatos de los verdaderos maestros de la literatura universal que están de acuerdo y coinciden en lo esencial con estos procesos.

No es una renuncia real al objeto del enamoramiento romántico lo que se exige, sino la aceptación de la verdad de su *radical y absoluta falta de esencia.*

La transubstanciación de una persona común en el objeto de tu enamoramiento no es el resultado de la magia o del misterio del amor romántico, sino que procede de la transformación mimética y satánica de *piedras en panes*, que genera la ambición de su posesión como objeto amado.

Lo que convierte a una vulgar piedra en un suculento pan no es otra cosa que el deseo de otro sobre esa piedra. Esa piedra no es preciosa más que si otro la desea. Solamente la mirada fascinada de don Quijote puede transformar a la labradora manchega Aldonza Lorenzo en la maravillosa dama Dulcinea del Toboso.

Esta transmutación milagrosa no es el resultado de un proceso esotérico o cabalístico sino del mecanismo trivial del mimetismo que nace del intento de trascender o llegar a ser, de un modo desviado, a base de poseer objetos amorosos que nos harán felices a partir del momento en que los poseamos.

Renunciar a la ficción romántica de seguir convirtiendo las piedras en panes

El diablo se le acercó y le dijo:

—Si eres Hijo de Dios, haz que estas piedras se conviertan en panes.

EVANGELIO DE MATEO 4, 3

Solo la ficción del deseo permite transformar psicológicamente una dura piedra en un pan suculento.

Aceptar la ficción de convertir a humanos del común en objetos amorosos de elevada cotización, tiene siempre enormes costes en términos de rivalidad y violencia.

Un objeto amoroso no puede ser poseído en plenitud sin desposeer a otros de su goce y disfrute. De ahí que el plan romántico de poseer el objeto amoroso conlleve una exclusión y una violencia en su propia esencia.

No puedo poseer algo sin temer que me sea arrebatado.

El programa del mefistofélico tentador mimético para convertirnos en «alguien» pasa por la trascendencia idolátrica de apropiarnos del amor de otros, tomados estos como si fueran cosas.

La apropiación de cosas, bienes, objetos es la que nos proporciona, ante nosotros mismos pero sobre todo ante los demás, la sensación de «ser alguien».

La propuesta del tentador romántico es la de convertir las piedras del desierto en panes.

El deseo de «llegar a ser» se transforma aquí en un deseo de «acumular», consumir, poseer, comprar, almacenar o coleccionar cosas. Las cosas poseídas devuelven a su poseedor, supuestamente, una entidad superior. Así se invierte la lógica y la realidad: es la *cosa* poseída la que cualifica aquí al *sujeto* poseedor.

En materia de amor romántico, el otro opera como una *cosa* que, siendo poseída por mí, va a permitirme llegar a ser «alguien» o trascender.

Sin embargo, aquí entra en funcionamiento de nuevo la naturaleza mimética del deseo, pues ¿qué objetos amorosos desearemos poseer? No sabemos qué objetos amorosos deberíamos elegir y ante el vacío interior nuestro mimetismo se activa. Serán entonces los objetos amorosos más deseados por los demás los que llamarán nuestra atención como preferentes. Serán más preferentes los objetos que resulten deseados en mayor medida por nuestros modelos.

Los publicistas conocen ambos mecanismos muy bien y los explotan. Pretenden convencernos de que modelos notorios, relevantes, famosos, inteligentes, bellos, etc., esto es, personas con la autonomía del ser que nosotros anhelamos, desean determinados objetos o bienes.

También quieren persuadirnos del carácter masivo de la demanda por cierto bien o servicio para cualificarlo: se denomina a esto la moda.

El intento de trascender idolátricamente nuestro *no-ser* y nuestra vacuidad interior convierte el mundo en una contienda de *todos contra todos* en la que cada uno se encuentra deseando a personas que *otros* o incluso *muchos otros* desean ya y que transforman la relación interpersonal con ellos en conflictiva y competitiva.

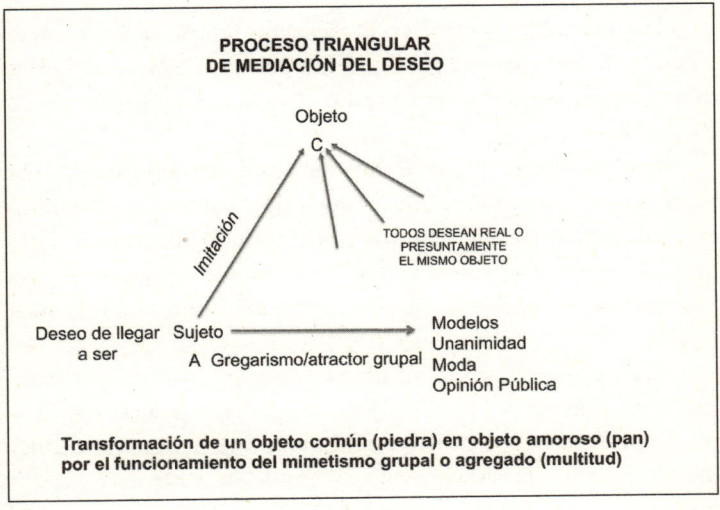

PROCESO TRIANGULAR DE MEDIACIÓN DEL DESEO

Objeto

C

Imitación

TODOS DESEAN REAL O PRESUNTAMENTE EL MISMO OBJETO

Deseo de llegar a ser

Sujeto

A Gregarismo/atractor grupal

Modelos
Unanimidad
Moda
Opinión Pública

Transformación de un objeto común (piedra) en objeto amoroso (pan) por el funcionamiento del mimetismo grupal o agregado (multitud)

Lo que se produce es una convergencia simultánea del deseo de muchos sobre los mismos objetos amorosos.

La convergencia simultánea configura la experiencia de escasez en la economía y explica la inevitable e inherente competitividad y la rivalidad entre los pretendientes que buscan la conquista del mismo objetivo amoroso.

Tanto mayor y cruenta es la guerra romántica cuanto mayor sea el número de enamorados que se imitan unos a otros simultáneamente en el proceso de intentar apropiarse del mismo objeto.

Se incrementa la intensidad del deseo amoroso sobre el mismo objeto deseado a la vez por muchos, funcionando entonces mutuamente todos para todos como modelos.

Debido a este proceso repetido y clonado miméticamente, los bienes económicos devienen escasos y por eso surge el mercado. Pero no hay mercado regulador de las contiendas amorosas, que siempre se saldan al mismo tiempo con intensas pasiones y con frustraciones y violencias de todo tipo servidas para todos.

Los mayores expertos en el *marketing* amoroso son los que saben crear «una necesidad» en el mercado del deseo, es decir los que concitan sobre sí mismos real o supuestamente los deseos de los demás.

Quien utiliza este «*marketing* del amor» trata de suscitar de manera masiva una fuerte atracción de tipo mimético, sobre todo con una «reacción inicial» que dispare primordialmente todo el proceso. Se trata de generar un polo de atracción que haga que muchos imiten el deseo por el bien de consumo que son ellos mismos.

Cuanto mayor sea la oleada de preferencia sobre sí mismo, más se realimenta la percepción de su valor. Las piedras corrientes se vuelven panes. No hay ninguna duda de que detrás del más arrogante narcisista se oculta siempre un verdadero *pedrusco berroqueño*.

Esta verdad humillante y fundamental de desear los objetos amorosos solo porque los demás los desean nos puede llevar a querer activar ese mismo mecanismo a la inversa en los demás para que nos conviertan en objetos de deseo.

Renunciar a la loca carrera romántica en pos de nuevos triángulos amorosos

Tal como el tentador sugiere, podríamos pensar que la mágica multiplicación de los bienes en el mercado resolvería los problemas del mundo.

Si convertimos muchas piedras (materias primas) en *panes*, el problema quedaría aparentemente resuelto.

Cada oveja con su pareja... Cada uno tendría posibilidad de elegir una pareja entre la multitud de posibilidades. «Hay muchos peces en el mar».

Sin embargo, esta ingenua pretensión está abocada al fracaso.

Desde el momento en que el deseo mimético se agota con el alcance u obtención del objeto, ninguna relación amorosa romántica que nazca del mecanismo mimético puede resultar duradera. En su nacimiento lleva la semilla de su propia destrucción.

El tedio, el aburrimiento y la acedía esperan a la vuelta de la esquina a todo aquel que ha triunfado consiguiendo por fin su romántico objetivo amoroso.

Algunos intentan reavivar el fuego de su deseo por un objeto romántico, ya incapaz de suscitarles ninguna pasión, a base de encontrar supuestos rivales o producir la envidia en otros como es el caso del eterno marido de Dostoievski o del curioso impertinente de Cervantes.

Otros creen que el amor se ha terminado porque acabó la pasión de intentar alcanzar el objeto, y parten entonces en una quijotesca cruzada a la búsqueda de nuevos horizontes y conquistas del deseo romántico.

La tentación es obvia: se trata de buscar siempre más y mejores piedras del deseo que convertir en panes.

Necesitan volverse a enamorar y volver a experimentar la rivalidad y la competitividad que hagan nacer la pasión y el sufrimiento que confunden con el amor.

No es la escasez de recursos la que nos obliga a rivalizar, sino al revés. La rivalidad por los objetos que «otros desean» es la que nos conduce tanto a la escasez, como a la acumulación. Ambos fenómenos no son contradictorios, sino dos caras del mismo efecto mimético.

Nuestra tendencia mutua a imitar los deseos de los demás y a rivalizar con ellos por los mismos bienes cuando los anhelan construye la escasez amorosa que denominamos angustia amorosa, *limerencia* o enamoramiento romántico.

Con ello, el proceso de consumir siempre nuevos objetos amorosos termina hastiando y transformando en un infierno y en una historia de nunca acabar la búsqueda de esas experiencias. La rotación amorosa se vuelve así infinita. La promiscuidad sexual no es la causa, sino el efecto del proceso romántico en su exacerbación.

Con ella llega la diversificación de objetos, cada vez más exclusivos, o más genuinos, más raros o más aberrantes en forma de todo tipo de perversiones del deseo pasional amoroso y de sus subproductos sexuales asociados.

Los panes necesitan ser cada vez más raros, extraños, extravagantes o escandalosos.

Cuanto más se acelera este proceso menos tarda en llegar la desidia y el temprano aburrimiento, alcanzando un progresivo descenso al inframundo de las aberraciones y de los deseos más retorcidos y excéntricos: sadismo, masoquismo, pedofilia, animalismo, necrofilia, etc.

Es así como una desviación hacia una falsa trascendencia basada en el «tener para ser» nos convierte en probables consumidores de bienes amorosos cada vez más frustrantes, extraños o perversos.

Eternos insatisfechos, consumidores interminables de deseos ajenos y eternos rivales entre nosotros, construimos guerras fratricidas de nunca acabar solo para obtener y acaparar objetos amorosos que solamente nos merecen la pena si los demás los desean a su vez y mientras no triunfemos sobre ellos por completo. La victoria del deseo mimético que siempre conduce a todo tipo de derrotas amorosas.

Renunciar a la fascinación romántica por el obstáculo

Ya hemos visto que la renuncia al romanticismo significa salir de la ilusión del enamoramiento que tiende a percibir propiedades y características del objeto amoroso que no existen en la realidad.

La fascinación por el obstáculo también posee un elemento ilusorio creado por el mimetismo.

En la medida que el obstáculo es el creador de la ilusión de la pasión amorosa, es imprescindible dejar de andar buscando impedimentos para escapar del infierno romántico.

El obstáculo es el muro que tendemos a elevar en las relaciones amorosas para, a toda costa, mantener viva la ilusión de la pasión romántica. Para todos los románticos resulta imprescindible sustentar la llama del enamoramiento.

Esta dificultad nos imanta porque el dolor que causa un tipo de relación basada en chocar una y otra vez con un obstáculo o tropezar constantemente en la misma piedra es sistemáticamente confundido con una verdadera pasión amorosa. Cuanto más incomprendido, perseguido o prohibido es ese amor, mayor es su intensidad pasional.

El dolor connatural del tropezón contra el obstáculo se convierte en el elemento más adictivo de ese tipo de relación pues consagra la intensidad como el criterio definitivo de su intensidad pasional.

El locuelo amante del obstáculo busca indirectamente su propia frustración pues lo único que desea es aquello que se le niega. Desea el objeto nada más si encuentra un obstáculo en el camino en forma de un rival explícito o implícito.

Busca el amor de la pareja según es atraído por un tercero que queda confirmado como rival y obstáculo a la vez.

Tal y como recuerda Rougemont: «El obstáculo más grave es el que se prefiere por encima de todo, pues es el más adecuado para aumentar la pasión».[*]

Ese obstáculo más grave tiene más valor porque sin saberlo le transferimos un carácter divino o sobrenatural al ser capaz de incitar nuestra pasión amorosa. Por eso el narcisista más extremo y el psicópata son los seres más deseados y divinos para el buscador de obstáculos. Su frialdad, despotismo, desprecio o indiferencia producen un efecto devastador en las neuronas espejo, generando el espejismo del enamoramiento y exacerbando el deseo de la incauta víctima.

Según refiere Girard, «La desdicha y el sufrimiento sin par que procuran les revela a las víctimas el maravilloso ser cuya imitación les parece más susceptible de sustraerlas de su miserable condición».[**]

Los peores individuos del mundo suscitan el mayor enamoramiento gracias a esta traición neuronal.

Cualquier tipo de codependencia asimismo se basa en la persecución y el anhelo del obstáculo. El codependiente se aferra al clavo ardiendo del obstáculo apegándose a un tipo de obstáculo infranqueable. Ya sea que el objeto de amor sea un drogadicto, un alcohólico o un enfermo mental sin remisión posible, obtener amor o reciprocidad de esa relación significa una apuesta segura por el obstáculo. El codependiente pierde siempre, pero está cada vez más enganchado a su indisponible pareja.

---

[*] Denis de Rougemont, *El amor y Occidente,* Kairós, Barcelona, 1979.

[**] René Girard, *Mentira romántica y verdad novelesca,* Anagrama, Barcelona, 1985.

La humillación, la impotencia y la vergüenza que procura el apego al obstáculo deben ser razones para elegir desde la consciencia y la voluntad renunciar a él.

La conversión significa salir de la esclavitud que dicta el obstáculo en tu vida.

Renunciar al narcisismo y a la seducción para enganchar a los demás

> Se lo llevó el diablo a la ciudad santa, lo puso en el alero del templo y le dijo:
>
> —Si eres Hijo de Dios, tírate ahí abajo; porque está escrito: «Dios ha ordenado a sus ángeles que cuiden de ti y te tomen en sus manos para que tu pie no tropiece con piedra alguna».
>
> EVANGELIO DE MATEO 4, 5-6

La mayoría de seres humanos somos solicitados por el mimetismo para convertirnos en alguien para los demás. Un modo desviado de trascender incita al ser humano a realizar algo espectacular para seducir a los demás.

La seducción se basa en inducir una elevada intensidad emocional a pesar de que exista una baja intencionalidad real por el objeto amoroso.

Para seducir a los demás hay que conseguir fascinarlos, asombrarlos, atraerlos, encantarlos mediante una estrategia que siempre implica la falsedad de que el otro no es tomado como un fin en sí mismo, sino como un objeto.

En una palabra, se trata de suscitar el deseo de los demás.

Pero vivir del deseo de los demás es un proyecto abocado al fracaso.

Quien resulta atrapado en esta primera tentación, pretende efectuar algo insólito, único, inédito, inaudito, excepcional, diferente, excéntrico, fuera de lo común, original, y con ello, atraer el interés, la atención y la mirada deseante de los demás.

La promesa satánica y falsa consiste en seducir a los demás y transformarlos en admiradores. Hacerles quedar con la lengua fuera y los dientes largos…

Postularse como un modelo de admiración para seducir a otros convierte al tentado en un *snob*, un superatleta deportivo, un aventurero, un *excéntrico,* etc. Todo sirve para establecer el distanciamiento del resto con vistas a hacer de ellos admiradores, adoradores, y por supuesto, envidiosos.

Pero el *seductor* o agente del encantamiento en realidad va a resultar atrapado en el círculo que él mismo crea.

Solamente una fuerte disciplina interior permite desvelar en cada uno de nosotros la tensión íntima por encontrarnos en la mirada de admiración de los demás.

Renunciar al masoquismo y a «adorar para ser adorados» por el otro

Llevándole el diablo a un monte altísimo, le mostró todos los reinos del mundo con todo su poder y su gloria y le dijo:

—Todo esto es mío y lo doy a quien yo quiero. Te daré todo esto si te postras ante mí y te sometes a mí.

EVANGELIO DE MATEO 4, 8

Seguir buscando y persiguiendo el amor que uno no recibió en su infancia es un problema que puede conducir a toda una vida centrada en desear a quienes no responden ni corresponden a ese amor.

Muchas personas proceden de infancias traumáticas y de hogares disfuncionales en los que no han obtenido atención a sus necesidades vitales de amor y cuidado. Entonces quedan traumatizadas y encadenadas al proyecto existencial de «hacer cualquier cosa con tal de ser amados por otro».

Esta vinculación no es voluntaria, ni masoquista ni es la expresión de un disfrute perverso, sino que constituye una *compulsión de repetición*, es decir, una tendencia psicológica de resolver el trauma original a base de repetirlo.

Una perpetua necesidad de *ser amado* convierte a estos *niños,* hoy ya mayores, en una especie de «adictos al amor». Sus heridas emocionales les colocan en la máxima vulnerabilidad y les condenan a repetir el patrón tóxico en la vida amorosa adulta. No es extraño que quien no ha conocido el amor incondicional por parte de sus padres, ni ha sido cuidado o atendido en necesidades esenciales de seguridad y protección que todo niño experimenta, termine *condenado* a buscar resolver esas carencias básicas en sus relaciones afectivas.

Los niños que han sido maltratados física y sobre todo psicológicamente en la infancia y adolescencia por parte de sus familias de origen tienden, a menos de que resuelvan psicológicamente esos traumas, a quedar *escandalizados* de por vida. Quedan vinculados a todo tipo de obstáculos amorosos sin saber el porqué. Cuando crecen, se unen a todo tipo de parejas inadecuadas y disfuncionales que les suenan familiares gracias al trauma original.

La indisponibilidad emocional, la falta de reciprocidad en el respeto y el amor, e incluso el maltrato, funcionan como un atractor del deseo. Siguiendo la terminología evangélica y girardiana, esos niños han quedado *escandalizados*, es decir atados al proceso que les lleva a tropezar recurrentemente en los mismos obstáculos.

De mayores tienden a elegir como parejas a quienes los torturen y humillen del mismo modo que hicieron sus familias de origen.

Todo niño maltratado o abandonado tuvo que adaptarse a unos progenitores tóxicos y tuvo que «forzar la vista» para sobrevivir a esa convivencia sin tener que cuestionarles ni poder salir corriendo de allí. Necesitó generar una «ilusión de amor» para poder sobrevivir a un infierno psicológico y emocional para el que no estaba preparado, pues los niños desde el momento del nacimiento esperan amor y acogida incondicional de las familias en las que aterrizan.

Cómo el trauma infantil configura narcisistas y codependientes

Si eres uno de esos niños, ya adulto, debes saber que ahora ya no necesitas seguir con esta compulsión de *hacer lo que sea para ser amado*. No precisas llevar más esa carga y puedes liberarte a ti mismo de la misión imposible de reparar lo que te hicieron.

Ya no es posible reparar nada.

El daño está hecho.

Ni fuiste amado, ni protegido, ni cuidado.

Esa es la verdad.

Pero ya no necesitas mantener la ilusión de haberlo sido para sobrevivir emocionalmente.

Puedes renunciar a la ceguera y romper con el patrón compulsivo.

El niño olvidado, abusado o maltratado en la infancia vive en el hoy adulto y le hace temer ser castigado si no obtiene el reconocimiento por su capacidad de seducir a sus padres (narcisismo) o si se defiende contra sus injusticias y el abuso que sufre por parte de quien le seduce (codependencia).

El trauma (escándalo) infantil conduce en la adultez a una doble salida en falso en forma de narcisismo o de codependencia. Ambas alternativas condenan a consecuencias desastrosas en sus relaciones amorosas a quienes ya sufrieron anteriormente infancias horribles.

La experiencia del desamor y la desatención puede haberte convertido bien en un narcisista, bien en un codependiente en tus relaciones de pareja.

Si estás en el primer caso, tu narcisismo consiste en creer en la ilusión de poder ser amado mediante la seducción del otro tomado como objeto. Debes saber que el verdadero amor no es algo que se merece a base de esforzarse por fascinar al otro. No se te exige fascinar a los demás para superar el desamor de tu infancia.

Si te has convertido en un codependiente, sientes terror a perder el amor de otros por tu propia culpa. Vives con la ansiedad de que no seas nunca imputable del desamor de los demás. Debes dejar de pagar precios psicológicos en forma de cuidar de los demás para que te necesiten.

Has de olvidarte de estar aterrorizado por la idea de que no fuiste amado debido a que no eras merecedor de ese amor y debes recordar que todo ser humano merece amor y cuidados incondicionales en su infancia.

La conversión del adulto llega cuando es capaz de darse cuenta de que ya no necesita seguir estos patrones de origen infantil.

La verdad pasa por aceptar finalmente no defenderse de la sanación de ese desamor y reconocer desde la paz interior que, en efecto, en su pasado no existió amor alguno. La paz es alcanzada cuando acepta por fin que ningún esfuerzo del mundo podrá cambiar nunca lo que le ocurrió siendo niño.

La conversión no puede llegar en tanto que no se le hace ver a la víctima la verdad del proceso de victimización y se le explica el camino para su posible doble resolución.

La verdad técnica que hay que revelar a la víctima acerca de su proceso de victimización es que aquel niño era inocente y que no hizo nada inadecuado o malo para ser olvidado, abandonado o maltratado.

El hecho de que haya sido objeto de abusos emocionales o físicos no dice nada de su inadecuación interna. Ni es malo, ni mereció este trato.

La responsabilidad del desamor está en quienes desampararon al niño. Sin embargo, el cerebro de un niño pequeño está precableado para adaptarse a los que sea. En esa adaptación se produce una introyección de la culpabilidad que permite al niño explicarse el abandono recurriendo a atribuciones negativas acerca de sí mismo. «Si me ocurrió es porque soy malo, inadecuado, repulsivo. De algún modo, me lo merezco…».

Solo la recuperación y el reprocesamiento de todos aquellos dolores reprimidos permiten la desensibilización y la reintegración del trauma que se consigue mediante técnicas como EMDR.

Para los niños que aprendieron a *parentizar* a sus padres, a consolarlos, cuidarlos o atenderlos como si fueran estos los hijos, el aprendizaje tóxico les puede llevar a la codependencia. Suelen presentar un patrón de cuidadores compulsivos que les condena a relaciones asimétricas que carecen de reciprocidad y que al final están reproduciendo la situación traumática infantil original.

Para los que fueron niños que aprendieron a ser aceptados de un modo condicional al éxito, las buenas notas o el sometimiento a las altas expectativas de sus padres, la conversión supone dejar de estar en la «ley del otro», renunciando al mecanismo seductor ya descrito.

Para todos estos niños perdidos, el reto es salvar la ilusión de que fueron de alguna manera amados. Solo desde la aceptación de este duelo se puede reconstruir y modificar el mecanismo tendente a que nos incrustemos en relaciones tóxicas en las que necesitamos o bien seducir o bien ser maltratados y abusados.

Sin esa conversión, el *narcisista* queda obligado a mostrar siempre a sus parejas la fachada de un falso yo construido en base a sus expectativas sobre él.

Sin esa conversión, el *codependiente* queda sometido a la necesidad de sofocar y encubrir los sentimientos de tristeza, abandono y frustración, quedando en una posición depresiva subclínica o melancólica crónica con todo tipo de reacciones psicosomáticas. Vivirá en la permanente alerta y en el paranoidismo pues creerá que si no se «porta bien» podría ser abandonado de nuevo en cualquier momento por su pareja. Eso le esclaviza, pues siente que la catástrofe puede alcanzarle en todo instante y hará todo para no llegar a ser imputable por su llegada.

Superar la seducción del Amor Zero y la promesa satánica de redención

Las víctimas que fueron traumatizadas en su infancia quedan marcadas por características que de forma cíclica permiten a los depredadores identificarlas y aprovecharse de ellas mediante la seducción con enorme facilidad.

Todo el proceso de seducción, engaño, manipulación y abuso suele estar facilitado por aprendizajes traumáticos realizados años atrás y que conducen a este tipo de víctimas a un rosario de experiencias traumáticas, entre ellas, las de las parejas más psicopáticas.

Hay que recordar una vez más que no se trata de masoquismo. En absoluto.

Los procesos tempranos de victimización que sufrieron en una etapa en la que aún no tenían plenamente desarrollada su personalidad les condujo a ser especialmente vulnerables a la seducción.

La vulnerabilidad a la seducción es una herida abierta que incrementa la probabilidad de resultar víctimas de la manipulación y el maltrato a manos de parejas abusivas.

En su etapa infantil, estas víctimas fueron llevadas a aprendizajes y desaprendizajes tóxicos y peligrosos puesto que:

1. No aprendieron a discriminar las buenas de las malas intenciones de quienes se relacionan con ellos.

2. No aprendieron a diferenciar el amor del maltrato, del abuso y la manipulación.

3. No aprendieron a establecer y defender los límites necesarios en las relaciones.

4. Aprendieron a disociarse ante los traumas, de tal manera que la huida y el escape de la realidad se volvieron un posible recurso.

5. Aprendieron que «quien bien te quiere te hará llorar», identificando el abuso físico y psicológico como algo normal y esperable en las relaciones.

6. No pudieron completar el desarrollo de una sana autoestima, ni su correlativa asertividad para defenderse proactivamente de los intentos perversos de aprovecharse de ellos de terceras personas.

7. Se convirtieron en altamente sensibles a las promesas de liberación de su sufrimiento, dejándose encandilar o seducir mucho más rápidamente que los demás (príncipe azul, almas gemelas, etc.).

8. No pudieron tener buenos modelos de relaciones de pareja, sanas o funcionales, viviendo en familias caóticas, desreguladas y violentas en las que la manipulación, los abusos y la falta de respeto eran la tónica habitual.

9. No pudieron ver atendidas sus necesidades básicas de cuidado, consuelo y base segura, de tal manera que quedaron anclados en ese tipo de necesidades básicas, buscando luego satisfacerlas en compulsión de repetición.

10. Se acostumbraron a vivir en la incertidumbre, la inseguridad, el caos y el vaivén emocional constantes.

11. Se aclimataron al castigo físico, al chantaje emocional, a la manipulación mediante la culpa y la vergüenza.

12. Se vieron forzados a *parentizar* a sus propios progenitores, convirtiéndose en sus cuidadores o salvadores, y no pudieron hacer valer sus necesidades como niños.

Cualquier potencial pareja que se presente revestido de *príncipe azul* muñido de una promesa de redención o rescate respecto a estas dolorosas experiencias lo tiene muy fácil con los denominados *«niños perdidos»*.

La pérdida de la propia infancia en procesos de trauma intrafamiliar crónico convierte la adultez de los niños maltratados y abandonados en una segunda parte aún más duradera de sus padecimientos.

Esa falsa promesa de redención de sus padecimientos por parte de todo tipo de personalidades psicopáticas viola el alma de estos seres humanos, que arrastran así una vida de penurias y un calvario personal y emocional repetitivo.

Salir del balancín infernal de las relaciones sube-baja típicas del dios-adorador

Para escapar a este eterno retorno doloroso hay que renunciar a la promesa siempre *satánica* del mimetismo que promete la salvación a aquellos que se postren de rodillas ante los perpetradores más psicopáticos y abusivos.

Si no se comprende el origen de todo este enmarañamiento en relaciones tóxicas, la culpabilidad se internaliza y aumenta el daño y la vergüenza, siendo cada vez más probable aceptar y acomodarse a nuevas situaciones de abuso y maltrato emocional, al creerse merecedores de ellas.

La imantación o «apego al perpetrador» radica en el funcionamiento de un deseo mimético que configura tanto la docilidad de los esclavos más sumisos como la de los seres humanos más maltratados.

La pasión que genera este magnetismo entre el adorador y el dios adorado no tiene nada que ver con la comprensión mutua, el respeto o el cariño del uno con el otro.

La enorme distancia que parece separar al dios del adorador-esclavo no es en realidad tal. La distancia dios-esclavo es infinitesimalmente pequeña puesto que el dios depende de su esclavo tan completamente como su esclavo depende de él.

De hecho, el origen común de estas dos patologías del deseo en el *escándalo* mimético que sufrieron en su infancia a manos de padres indisponibles y disfuncionales explica que, en una relación entre un dios y un adorador, estos papeles sean intercambiables.

En cualquier momento los roles de estas relaciones pueden revertirse y el esclavo se vuelve dios y el dios se vuelve su esclavo. Estas relaciones intercambiables generan un tipo de balancín infernal, muy conocido por muchas parejas que pasan del más apasionado éxtasis a la más abismal paranoia.

La alteración psicológica y la alienación que este proceso produce en los dos amantes no depende de ninguna circunstancia exterior a ellos, sino de un rebote constante del proceso mimético que se instala satánicamente en medio de ellos convirtiéndolos secuencialmente ora en dios, ora en esclavo. Los *satanes* que necesitan maltratar víctimas para mantener su idolátrica adoración pasan a convertirse en sumisos adoradores tan pronto ven cómo se les escapa su anterior esclavo. Este proceso paranoide desgasta y agota la energía mental y psíquica de parejas que quedan exhaustas y destruidas.

Es necesario protagonizar una transformación personal y psicológica formidable para renunciar para siempre al trance mimético que puede llevar a cualquier pareja a convertir su relación amorosa en un balancín infernal en el que se intercambian a toda velocidad los roles entre dios satánico y adorador masoquista. Una verdadera metanoia o conversión psicológica y espiritual que conduce a la curación del romanticismo y a la construcción del verdadero amor.

15

EL CAMINO HACIA EL AMOR CONSCIENTE: DE LA PARANOIA A LA METANOIA

El amor es un don que no se puede inducir, merecer ni comprar

Mientras escribo estas líneas finales acompaño en un box de hospital a mi padre, un viejito de ochenta y nueve años al que están haciendo análisis y radiografías en un centro madrileño. Pienso y reflexiono sobre qué es lo que constituye la verdadera naturaleza del amor humano.

El amor verdadero no puede ser suscitado, inducido, manipulado o comprado, debido a que es algo gratuito lo mismo que un regalo.

Como psicólogo clínico con treinta años de ejercicio de la profesión, estoy habituado a ver experiencias amorosas fallidas y dolorosas, y siento que ha llegado la hora de liberar a los seres humanos de las trampas del amor romántico que se nutren de nuestro cerebro automático e imitador.

Quedar aprisionado en enmarañamientos amorosos de mil maneras es hoy en día lo más probable. Lo contrario es una excepción gloriosa digna de mención y de análisis.

Escapar al amor romántico y sus trampas es hoy por hoy algo excepcional y raro en esta sociedad narcisista que se rige por el príncipe satánico de este mundo, es decir, el mimetismo.

El mimetismo es el que tiñe todas las relaciones que crea y destruye de sufrimiento, intensidad pasional, rivalidad, resentimiento y violencia.

La promesa de amor romántico que la sociedad ofrece a sus miembros se basa en la excitación del romance amoroso, la angustia de ser algo para los demás y la depresión de no alcanzar ese ideal narcisista.

Estas tres emociones: excitación pasional, angustia y depresión marcan el tono de las consultas en las que atendemos los mayores casos de sufrimiento humano.

La mayoría de los seres humanos se encuentran liados y enmarañados en relaciones amorosas tóxicas de las que no saben cómo salir, debido fundamentalmente a que tampoco conocen cómo se embarcaron en ellas.

Desconocen el principio regulador que es siempre el mimetismo y que les conduce irremediablemente a la previsible catástrofe de la destrucción mutua asegurada que caracteriza a la mayoría de las parejas actuales.

El amor de pareja no es obligatorio sino algo opcional

Lo cierto es que no se requiere emparejarse a otro ser humano para ser plena y totalmente feliz en esta vida. No es cierto el mito romántico que necesita encontrar a su otra mitad para poder ser feliz.

Estar o no estar en una relación de pareja es una elección de la voluntad, no una necesidad biológica, antropológica o psicológica.

Los psicólogos debemos contrarrestar este mito de una sociedad narcisista que hace de la pareja humana otro bien más de consumo.

El mito de la media naranja, del alma gemela, del príncipe encantador, contribuyen a la extensión de la falsedad del amor romántico como enamoramiento que ya han descrito y denunciado como catástrofes humanas todos los más grandes novelistas, auténticos antecesores de la psicología de la pareja del futuro.

El amor de pareja no es una necesidad sino una elección.

Quien lo vive como necesidad imperiosa de devenir algo, de convertirse en algo o de ser alguien para los demás, se vuelve un esclavo del romántico proceso de persecución de un ideal mítico.

El amor nace del cerebro racional más evolucionado: el neocórtex prefrontal

El amor verdadero es un producto de la actividad neocortical humana y más específicamente de su zona prefrontal.

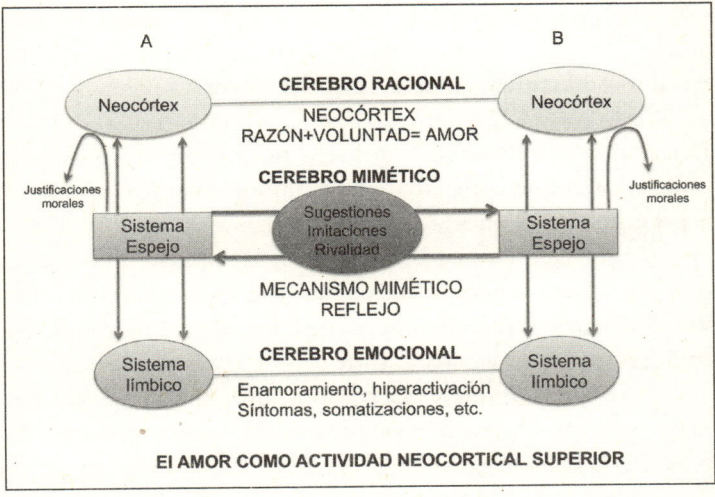

Olvidar el carácter racional y volitivo del amor verdadero supone descender y someterse a los padecimientos de un cerebro límbico reptiliano que se mueve desde las emociones más básicas que nacen del hedonismo: perseguir el placer y eludir el dolor.

El *cerebro emocional* no puede ser el fundamento de elecciones duraderas en materia de pareja so pena de convertirlas en cambiantes y caprichosas veletas al viento.

Nuestro *cerebro mimético* o *sistema espejo* tampoco puede gobernar el campo amoroso si queremos eludir las variadas consecuencias que hemos descrito en este libro bajo la denominación de *trampas amorosas*.

El amor solo puede permanecer mediante la voluntad racional de perseguir aquello que es bueno, verdadero y justo para nosotros.

El deseo mimético y la actuación automática de las neuronas espejo pueden dar origen inicialmente a una relación amorosa, pero esta no puede pasar a ser un tipo de amor verdadero, sin la concurrencia decisiva del cerebro racional.

Cuidar y custodiar la relación con el otro

El amor de pareja solo es verdadero amor racional si posee las características que convierten a cada uno de sus miembros en el ángel guardián del otro.

Ese carácter racional no depende de la respuesta amorosa del otro y por tanto no es una mera transacción contractual de ir llevando las cuentas para reclamar al final los saldos pendientes. Ese amor racional lleva a cuidarse entre ambos y no a rivalizar entre sí.

La reciprocidad mimética positiva existe en el amor verdadero, pero no como causa de su existencia, sino como manifestación o efecto de su despliegue.

La aplicación de la voluntad a este proceso de elegir a otro como pareja involucra por supuesto a los demás cerebros del amante, pero de un modo subsidiario.

De tal manera el amor auténtico es siempre un asunto de la razón y no de la emoción.

El engaño más frecuente que sufren todas las parejas en crisis romántica cuando agotan su combustible emocional es intentar regresar a los viejos lodazales de la pasión y de la emoción.

Con el paso del tiempo, el desarrollo de la rivalidad entre los dos y la inflación de los problemas que los triángulos amorosos asociados al desencadenamiento pasional crean, la emoción que les une no es sino un sentimiento que vuelve una y otra vez, es decir, un resentimiento.

Cualquier ángel custodio en una relación amorosa verdadera sabe que el amor no es una emoción, ni aún menos una pasión encendida.

El amor verdadero presupone una autoestima auténtica

La mayoría de los errores fatales a la hora de acometer relaciones de pareja nacen de la radical ausencia de autoestima de actores románticos que desean suplir esta con la *heteroestima* que pasa siempre por ser deseados por el otro.

La determinación efectiva y eficaz de lo que es bueno para mí nace de la autoestima que siempre busca el bien y no el sufrimiento de la persona.

Solemos tratar a los demás del mismo modo que nos tratamos a nosotros mismos. Quien se ama a sí mismo se perdona, se cuida, replica esto, haciendo lo mismo con los otros.

El amor verdadero no es nunca impertinente ni aún menos curioso, pues no se nutre de las miradas fascinadas de los demás, ni de la envidia, ni del triunfo sobre auténticos o ficticios rivales.

El amor es algo que se regala al otro desde la gratuidad y no desde la exigencia, el control del efecto que tiene en el otro o las expectativas mutuas de adoración.

Si un don amoroso es mutuo y exclusivo, este da pie a una relación sana de pareja en la que se puede dar continuidad y duración al proceso y que es capaz de acoger de un modo sensato, racional y responsable a una *prole* que requiere siempre de los mayores cuidados y atenciones.

El amor racional elige renunciar a la reciprocidad negativa automática

La mayoría de los conflictos más radicales y violentos entre parejas nacen de la mutua imitación a que el funcionamiento automático de las neuronas espejo y el mimetismo les condena.

Los pequeños malentendidos, las tontas minucias, los fallos en la comunicación, etc. corren el riesgo de generar grandes brechas en la pareja amorosa más firmemente asentada, a no ser que medie la acción deliberada de la voluntad. Esta acción es de tipo neocortical.

No se puede esperar desde el sistema mimético de las neuronas espejo otra cosa más que el automatismo en la imitación mutua que conduce a un escalamiento del antagonismo.

De este escalamiento proceden asimismo los correlativos sentimientos de ira y venganza que experimenta el cerebro emocional. Esos sentimientos completan la imitación con un creciente proceso de intención hacia el otro.

Las parejas que se eligen desde el amor verdadero aplican, por el contrario, sus cerebros racionales a desactivar un riesgo de escalamiento violento del que son muy conscientes.

Esta elección de «no llevar las cuentas» no es el resultado de la mutua imitación, sino que rompe su mismo proceso sin final desde su propio inicio. Estas parejas se centran en no dar crédito al antagonismo y en el perdón de las defecciones del otro, no porque les «apetezca» o porque lo sientan como una emoción, sino porque lo eligen como una opción desde su libre albedrío.

El perdón mutuo libera a las parejas de la compulsiva imitación mutua, causa del inefable cataclismo violento doméstico actual. Se trata de una reciprocidad positiva activada desde la mente pensante racional que acaba con los automatismos imitativos violentos.

Si me niego a imitar a mi pareja en sus fallos en materia de sinergia, estoy cortando de raíz la posibilidad de un escalamiento violento.

De ahí que el perdón del otro no sea nunca una medida que pueda esperar basarse en la emoción o del sentimiento. Por el contrario es el modo por el que las parejas más sensatas y prevenidas evitan deliberada y racionalmente terminar destruyéndose mutuamente.

Desobedecer a las neuronas espejo y someterlas al dictado de la racionalidad y la voluntad nada más es factible desde el neocórtex prefrontal, por ser la zona más evolucionada de todo el cerebro que domina jerarquizadamente a las estructuras más antiguas que son miméticas y emocionales.

Poner coto a la rivalidad interna en la pareja

Los amantes que viven juntos saben que el riesgo de entrar en batallas por los mismos objetos es elevado. Renunciar al objeto de disputa como la buena madre del juicio de Salomón es el único modo de que no quede destruido.

En el caso del amor racional, las parejas que dirigen su relación y la cuidan prefieren renunciar a los objetos de rivalidad o disputa, antes de que arruinen la relación amorosa. Saben cómo desatar el nudo gordiano de la querella crónica, no dándole oxígeno ni alas. Son capaces de conceder todo su tiempo, su dedicación y todo lo demás de sí mismos en aras del contentamiento y la felicidad del otro. Se muestran dispuestos a sacrificarlo todo, incluidos sus gustos y preferencias para que su relación funcione y pueden aceptar incondicionalmente los fallos y defectos que perciben en sus parejas. Su compromiso mutuo de elegir desde la razón en cada momento superar las rivalidades que puedan surgir entre ellos convierte esa relación en duradera y resistente a los diferentes avatares.

Quien cede el objeto de litigio no es más débil sino más fuerte en la medida que es capaz de renunciar a él por mantener el vínculo con su pareja, lo cual valora por encima del propio objeto.

Esta actuación, cuando es imitada por el otro, suele inducir a otro tipo de escalamiento diferente de tipo positivo que marca una reciprocidad amorosa que les hace escalar hacia arriba a niveles de mayor felicidad y disfrute.

En esta escalera no hay tercera vía posible. O las parejas se encuentran ascendiendo en la reciprocidad positiva hacia arriba (se imitan en el amor mutuo) o se encuentran (en general sin darse cuenta y en modo automático) cayendo de forma paulatina en la mutua imitación, primero de su indiferencia y posteriormente de su antagonismo.

El amor racional supone elegir entre dos opciones

Es cuestión de tener claro qué opciones son siempre las que afectan a las parejas humanas:

- Buscar el enamoramiento romántico eterno o elegir vivir en el amor racional estable.
- Dejarse ir en la mutua imitación inconsciente o elegir deliberadamente el perdón del otro por defecto.
- Competir y rivalizar por objetos diversos o cederlos para no sacrificar la relación a la rivalidad.
- Instalarse en la rivalidad, los celos y la posesividad o dejar al otro libre de elegir.
- Vivir la relación desde la desconfianza (paranoia) o elegir la confianza y el cuidado del otro (metanoia).
- Sufrir la reciprocidad negativa y el escalamiento violento (odio mutuo creciente) o elegir no dar crédito al antagonismo e instalarse en la reciprocidad positiva o escalamiento hacia el amor mutuo creciente.
- Experimentar el amor desde las estructuras cerebrales primitivas y básicas (las emociones y el mimetismo) o

activar las funciones racionales para construir el amor desde la voluntad y la razón.

La pregunta del millón...

Al final la única pregunta que importa hacerse a la hora de valorar una relación de pareja es la de *si estoy dispuesto a trabajar duro por este amor.*

Todo lo demás son epifenómenos de esta decisión de la voluntad.

Los mejores candidatos al amor verdadero son quienes conocen que el amor es algo trabajoso. Que no viene solo. Que no cae del cielo ni procede del flechazo de Cupido, sino que se establece con mucha dificultad, requiriendo periodos de ajuste.

Saben que el camino al verdadero amor puede ser duro y que puede no haber muchas recompensas inicialmente.

Es importante recordar que nadie que no se encuentre dispuesto a invertir tiempo, aprendizaje y esfuerzos puede conseguir alcanzar el verdadero amor.

La noción más romántica y por ende falsa de todas las que nos promete el mundo actual es que no hay cosa más fácil, rápida y espontánea que el amor. De esos barros vienen estos lodazales de las relaciones pasionales y los amores locos que hemos descrito en este libro.

Puesto que los individuos aceptan el reto romántico, esperan que sus relaciones sean placenteras y duraderas sin creer un ápice que tengan que hacer nada para que sea así.

No hay nada misterioso en el verdadero amor. Su obtención es el resultado de conocer las reglas de cómo funciona el mimetismo y renunciar a este.

Para aplicar esta decisión de la voluntad, hay que saber hacia dónde quiere uno dirigirse y qué tipo de resultado quiere alcanzar.

Cómo evitar los amores locos: de la paranoia a la metanoia

Los que apuestan por el amor verdadero no entran en el juego del triángulo amoroso mimético, ni buscan ponerse como objetos del deseo de otros. No necesitan pavonearse ni presumir de sus características para atraer la atención y el deseo de otros.

Renuncian a poner al otro los dientes largos o manipularlos desde el mimetismo salvaje.

No buscan cambiar al otro para ajustarlo egoístamente a sus conveniencias, sino que le dejan existir y ser él mismo. Lo aceptan incondicionalmente sin manipularlo para que sea o se comporte de un modo determinado en su beneficio. Lo dejan ser libre.

No se dejan llevar por su miedo a perder al otro dejándose explotar o usar sumisamente. Y por ello son capaces de decir las cosas con asertividad y de transmitir lo que les gusta y lo que esperan del otro, sin encadenarse como perrillos falderos.

Construyen su propia felicidad en la pareja, haciendo por el otro las cosas más fastidiosas, por el solo hecho de que lo aman, y no acumulan deudas ni resentimiento por ello. Ni llevan cuenta del bien que hacen, ni llevan cuenta del mal que puedan recibir.

No se cuelgan psicológicamente del otro haciendo depender su felicidad o seguridad psicológica de que el otro nunca les abandone. Por ello no temen «fastidiarlo todo» ni cometer errores que causen que sean abandonados por el otro. Son capaces de arriesgarse y acometer cosas sin miedo por el amor al otro.

No se dejan llevar por los avatares del sentimiento, sino que prefieren la segura brújula de la voluntad consciente. Disfrutan de las emociones propias del amor, sin convertirlas en una droga a la que engancharse.

Aceptan mostrar al otro vulnerabilidad y quedar de ese modo expuestos a su posible acción, sin confundir el verdadero amor con el sufrimiento sistemático y el maltrato. Por eso no aceptan el maltrato ni ser usados o abusados en nombre de la relación de pareja. Saben dónde están los límites y cuándo ha llegado el momento de decir a una pareja abusiva «hasta luego»…

Utilizan su mente racional para elegir desde la voluntad lo bueno y lo verdadero. Eso les lleva a ser sinceros, francos y honestos con sus parejas.

Entienden que la comunicación en la pareja solo puede darse desde la verdad y desde el respeto al otro, nunca desde la disimulación y las apariencias.

Son valientes para poder perdonar y no dejarse llevar del resentimiento. Comprenden racionalmente que el ciclo de la venganza y la retaliación no conduce más que a la mutua destrucción. Saben que aceptar entablar esas guerras significa hundirse en una violencia y odio que mata toda felicidad. Ganar implica perder la propia alma.

Conocen que el único modo de no alcanzar esa locura es no iniciar su descenso hacia ella. Por esto, su renuncia no supone la resignación al mal sino su asfixia.

Perdonar y aceptar perder esas batallas significa el coraje de apostar por una relación que se base en el amor verdadero.

Quien apuesta por estas opciones desde su razón y su voluntad se encuentra que sus relaciones amorosas no tardan en mejorar y alcanzar cotas cada vez mayores de alegría, disfrute y felicidad.

Donde otros apuestan por *darse caña* mutuamente para obtener pasiones amorosas de todo tipo, estos ángeles custodios descubren la delicadeza y exquisitez del verdadero amor.

Donde otros pugnan durante vidas enteras de desesperación por obtener migajas de felicidad de sus «amores locos», estos descubren paradójicamente que cuanto más se entregan y más dan en la relación, más reciben de ella.

Han descubierto el secreto del verdadero amor en el sentido de que *al que tiene se le dará, y al que no tiene se le quitará hasta aquello poco que tenía*.

Saben que buscar aprisionar el amor en una caja conduce a perder al otro y el amor del otro, y que el verdadero amor solo puede darse en la plena libertad y el desapego emocional respecto al otro.

Por eso se dedican a dar, en lugar de pretender obtener amor de los demás. Se centran en regalar, más que en mendigar amor. Deciden dejar al otro la libertad de corresponder o no a su amor antes que manipularlo para que «entre por el aro».

Ser libre y dejar al otro ser libre para corresponderte o no es la base de una relación de amor madura y no dependiente. Esta decisión es la que da vida a la pareja y realimenta un ciclo de *buen rollo* creciente entre los dos.

Estos amantes son los seres más evolucionados de este mundo, porque suelen elegir libremente el amor verdadero de forma racional desde la zona más inteligente de su cerebro: el neocórtex prefrontal.

Epílogo

EL ÚLTIMO OBSTÁCULO PARA EL AMOR: LA FALTA DE OBSTÁCULO

Cuando desaparecen todos los obstáculos entre las parejas humanas, llega el momento más crítico, el momento en que ya no queda obstáculo ni rival alguno que pueda amenazar la relación.

Y ese va a suponer el mayor obstáculo de todos para la relación amorosa.

Cuando se llega a este extremo, entre el amante y amado no se levanta ningún muro más que el que crea entre ellos su propia pasión amorosa, originada, encendida y alimentada por el obstáculo o los rivales.

La pasión de tipo romántico que es inyectada desde pequeños en todos nosotros y que nos lleva a confundir el amor verdadero con la alteración y la alienación emocionales es el muro que, si no estamos atentos, tendemos a levantar en nuestras relaciones amorosas una vez que estas se consolidan.

Querer recuperar o mantener esa alteración y alienación propias de la pasión transforma la relación amorosa de pareja en un sinfín de sufrimientos.

Todos los grandes escritores descubrieron con pasmo que, en el fondo, todos los dramas amorosos y las pasiones que relatan en sus novelas carecen de objeto real. Los dramas amorosos más apasionados carecen por lo tanto de realidad y nacen del empeño que tienen sus protagonistas en hacer de sus relaciones romances novelísticos.

Entre los seres humanos que quieren amarse se alza tan solo un tipo de obstáculo ficticio que estos se empeñan en levantar con vistas a alcanzar el *subidón* de los sentimientos pasionales.

Estos *subidones* se vuelven muy adictivos y se terminan confundiendo con el paso del tiempo con el verdadero amor.

En esa loca carrera por colocar más y mejor el obstáculo que nos saca de quicio, muchos han tirado ya la toalla y se han resignado a no encontrar nunca el verdadero amor.

Otros, ya muy traumatizados por repetidas experiencias alienantes de los amores más locos, han llegado a perder de modo cínico la misma esperanza de que tal amor verdadero exista y viven en el escepticismo, de espaldas a toda posibilidad de que el amor pueda surgir en sus vidas.

Pocos conocen la verdad que les permita liberarse. Y esa verdad no es otra que la tragedia de los amantes no se fundamenta más que en la ficción que genera la acción automática de una parte de nuestro cerebro: el cerebro mimético.

La actuación de nuestras neuronas espejo en modo automático nos condena a convertir nuestras relaciones de pareja en una novela de apasionado amor romántico que termina habitualmente en tragedia.

Esa tragedia de los amantes no solo crea en ellos una objetividad ficticia que es un espejismo, sino que transforma su sufrimiento psicológico en algo adictivo y fascinante y que les sirve de combustible para mantener el deseo mutuo de ambos.

Y esto es lo verdaderamente trágico de los amores locos, su artificialidad y el carácter arbitrario e ilusorio de los padecimientos de los humanos incautos que caen en sus redes.

Este libro ha mostrado cómo la desesperación y el dolor de las parejas son fundamentalmente autocreados por condiciones que ellas mismas fabrican sin darse cuenta para asegurar el mantenimiento del deseo que les asegura la pasión romántica y que al final consolidan el típico *enfer à deux*.

Este mensaje contracorriente, que hoy ha llegado el momento de proclamar alto y claro a los cuatro vientos, ha sido solo patrimonio de los conocedores de lo más profundo y radical de la comprensión humana, los grandes literatos universales. Estos nos llevan aún la delantera a los psicólogos a la hora de explicar los males de amores y de recetar su curación mediante una conversión personal.

Hoy sabemos desde la psicología cómo el deseo humano, actuando desde la base imitativa del cerebro mimético, es perfectamente capaz de desviar al ser humano de su meta amorosa y comprometer su felicidad de un modo permanente, incluso cuando este pretende actuar desde la buena fe o incluso la pura ingenuidad.

Las dinámicas del cerebro mimético han sido aún poco identificadas y menos divulgadas como las causantes de las trampas amorosas y como la raíz de la mayoría de las situaciones alienantes que sufren las parejas de hoy en día.

En este libro he pretendido describir cómo la actuación de nuestro cerebro mimético permite explicar el entrampamiento romántico que hoy devasta la vida de millones de personas en todo el mundo. Aquí quedan las claves psicológicas del porqué los seres humanos podemos transformar lo más noble y hermoso, como es el amor, en una experiencia enajenante.

Con la lectura de este libro, por fin puedes evitar caer en las mismas trampas en el futuro desde la comprensión integral del fenómeno desencadenante de todo tipo de locuras pasionales románticas.

Pero, sobre todo, puedes albergar de nuevo la esperanza de que, con el tesón y la aplicación de tu inteligencia y de tu voluntad, podrás tener éxito en el maravilloso y encomiable proyecto de encontrar por fin el amor verdadero en tu vida.

Bibliografía

BAILIE, G., *La violence révélée. L'humanité a l'heure du choix,* Climat, Castelnau-le-Lez, 1995.

DUMOUCHEL, P., *Violences, victimes et vengeances,* L'Harmattan, Quebec, 2003.

FESTINGER, L., *Teoría de la disonancia cognitiva,* CEC, Madrid, 1975.

GIRARD, R., *Mentira romántica y verdad novelesca,* Anagrama, Barcelona, 1985.

—, *La ruta antigua de los hombres perversos,* Anagrama, Barcelona, 1987.

—, *La violencia y lo sagrado,* Anagrama, Barcelona, 1998.

—, *El chivo expiatorio,* Anagrama, Barcelona, 1999.

—, *Veo a Satán caer como el relámpago,* Anagrama, Barcelona, 2002.

—, *Los orígenes de la cultura,* Trotta, Madrid, 2006.

—, *Achever Von Clausewitz,* Carnets Nord, París, 2007.

—, *René Girard,* L'Herne, París, 2008.

OUGHOURLIAN, J. M., *Genèse du désir,* Carnets Nord, París, 2007.

—, *Notre troisième cerveau,* Albin Michel, París, 2013.

PAULHUS, D. L. y WILLIAMS, K. M, «The Dark Triad of Personality: Narcissism, Machiavellianism and Psychopathy», *Journal of Research in Personality,* 36, 2002, pp. 556-563.

PECK, S., *People of the Lie: The Hope for Healing Human Evil,* Simon & Schuster, Nueva York, 1983.

PIÑUEL, I., *Mobbing: cómo sobrevivir al acoso psicológico en el trabajo,* Sal Terrae, Santander, 2001.

—, *Mobbing: manual de autoayuda,* Aguilar, Madrid, 2003.

—, *Jefes tóxicos y sus víctimas,* Aguilar, Madrid, 2004.

—, *Test AVE. Acoso y violencia escolar,* TEA, Madrid, 2006.

—, *Acoso y violencia escolar en España,* Informe Cisneros X, IIEDDI, 2006.

—, *Mobbing escolar. Acoso y violencia escolar contra los niños,* Ceac, Barcelona, 2007.

—, *Mobbing: el estado de la cuestión,* Gestión 2000, Barcelona, 2008.

—, *Mi jefe es un psicópata,* Alienta, Barcelona, 2008. (Existe versión e-book kindle en Amazon).

—, *La dimisión interior,* Pirámide, Madrid, 2008.

—, *Liderazgo zero,* Lid, Madrid, 2009. (Existe versión electrónica).

—, *Por si acaso te acosan: 100 cosas que debes saber para salir del acoso psicológico en el trabajo,* Códice, Buenos Aires, 2013. (Existe versión e-book kindle en Amazon).

—, *La evaluación psicológica del mobbing,* SB, Buenos Aires, 2015.

—, *Amor Zero. Cómo sobrevivir a los amores con psicópatas,* La Esfera de los Libros, Madrid, 2016. (Existe versión e-book kindle en Amazon).

—, *Tratamiento EMDR del mobbing y el bullying,* EOS Psicología, Madrid, 2016. (Existe versión e-book kindle de Amazon).

—, *Cómo prevenir el acoso escolar: implantación de protocolos antibullying en los centros escolares,* CEU, Madrid, 2016. (Existe versión e-book kindle de Amazon).

ROUGEMONT, D., *L'amour et l' Occident,* Flammarion, París, 2005.

Instituto Iñaki Piñuel

El Instituto Iñaki Piñuel tiene sede en Madrid (España) y está presente a través de sus profesionales asociados también en México, Costa Rica, Argentina, Colombia y Uruguay.

Este equipo de psicólogos dirigidos por el profesor doctor Iñaki Piñuel ofrece tratamiento psicológico especializado para las víctimas de Amor Zero con trastornos de estrés postraumático utilizando un enfoque bimodal con base en la técnica EMDR y la psicoterapia cognitivo-conductual.

Se trata del primer equipo especializado desde hace veinte años en el tratamiento de las víctimas de psicópatas integrados, en relaciones de pareja (Amor Zero), en el trabajo (*mobbing* o acoso psicológico laboral) y *bullying* (acoso escolar).

Contacto:

E-mail: *Dr@inakipinuel.com*
www.inakipinuel.com
www.acosopsicológico.com
www.acosoescolar.com
www.amorzero.com
www.5trampasdelamor.com

Comunidad Zero (grupo de AUTOAYUDA en Facebook)

Es un grupo en Facebook creado por el doctor Iñaki Piñuel dedicado a la ayuda mutua para víctimas de psicópatas integrados en
relaciones de pareja. Se trata de un espacio para compartir experiencias, textos personales o comentarios desde el respeto y la
intención de ayudar a otros sobre experiencias con psicópatas en
relaciones de pareja (Amor Zero).

Es necesario solicitar la adscripción al grupo y ser dado de
alta por los administradores por ser un grupo cerrado.